10.80

Harold Hill mit Irene Burk Harrell
LEBEN ALS SIEGER

HAROLD HILL
MIT IRENE BURK HARRELL

LEBEN ALS SIEGER

LEUCHTER-VERLAG EG · ERZHAUSEN

Titel der Originalausgabe:
HOW TO BE A WINNER

Übersetzung: KH. Neumann
Umschlaggestaltung: Dieter Illgen

1. Auflage August 1977
2. Auflage April 1978

ISBN 3—87482—063—7

Gesamtherstellung:
SCHÖNBACH-Druck GmbH, Erzhausen bei Darmstadt

Vorwort

Mein Freund Harold schreibt in seinen Büchern in der einfachsten und besten Weise, die ich kenne, darüber, wie man wirklich als Christ leben kann. Er redet nicht von Theorien, wie man ein solches Leben führen *sollte,* sondern berichtet davon, *wie jemand so lebt.* Und noch besser: In allem, was er erzählt, zeigt er, daß so gelebt werden *kann.* Außerdem redet er nicht von außergewöhnlichen und unwiederholbaren Situationen, die für uns keine Bedeutung haben und uns selbst nicht betreffen, sondern ganz offen von all dem, das auch uns im Alltagsleben immer wieder begegnet.

Gerade deshalb fühlen wir, daß Harolds Bücher auch unsere Bücher sind. Wenn immer ich in den vergangenen zwanzig Jahren mit Harold gesprochen oder ihm zugehört habe, wurde mein innerer Mensch ganz besonders erquickt. Wenn er redet, spricht er davon, wie Gott in vielerlei Weise in seinem eigenen Leben gewirkt hat. Jedes Ereignis, von dem er berichtet, beginnt genau da, wo es auch in unserem Leben beginnen könnte. Was geschieht, wenn die Umstände einen Christen in Schwierigkeiten bringen, wenn seine Pläne zu Wasser werden, wenn er Menschen begegnet, die tief im Okkultismus stecken usw.?

Als erstes stellt er fest, daß er gewöhnlich nicht in der Lage ist, mit solchen Situationen fertig zu werden. Genau dies beschreibt auch Harold; und dann auch die hilflose und verärgerte Art, mit der wir meist reagieren. Wir fühlen uns mit ihm in solchen Lagen, können dann aber auch mit ihm Mut fassen und vorwärts schreiten, in den Willen Gottes hinein, wo wir immer neu den Sieg erleben.

Es ist wunderbar, auf diese Weise mit Gott durch diese Zeit zu gehen. Das Leben ist wie ein Drama. Wenn wir erkennen, worauf es wirklich ankommt, gibt es nie eintönige und langweilige Augenblicke. Eines der wichtigsten Dinge in Harolds Büchern ist, daß er uns die Binde des Unglaubens von den Augen nehmen will, damit wir erkennen, daß selbst die einfachsten Dinge des Lebens zum Abenteuer des Glaubens werden.

Dieses Buch wird sicherlich genauso viele begeisterte Leser finden wie Harolds erstes Buch LEBEN WIE EIN KÖNIGSKIND. Von dem Beispiel, das Harold uns hier zeigt, daß wir Gott immer glauben und Ihn preisen sollten, auch wenn wir noch nicht wissen, wie eine Sache ausgeht, können wir alle noch viel lernen.

In all dem stellt Harold sich nicht selbst in den Mittelpunkt, sondern weist auf den hin, der die Lösung aller Probleme unseres Lebens ist – auf Jesus Christus. Weil das so ist, wird LEBEN ALS SIEGER ein Segen für all jene sein, die es mit offenen Augen und Herzen lesen.

Norman Grubb

Einleitung

Wer möchte ein Sieger sein? Doch wohl jeder!

Wer ist ein Sieger? Jemand, der dem großen Haufen immer voraus ist! Jemand, der dafür bewundert wird, daß er besondere Dinge erreicht, Außergewöhnliches schafft, besondere Fähigkeiten hat und immer besondere Aufmerksamkeit erregt.

Wodurch wird man ein Sieger? Wie erreicht man dieses Ziel? Warum ist nicht jeder ein Sieger? Warum können Sie kein Sieger sein? – Doch, Sie können!

Wie?

Ich freue mich über diese Frage, denn davon redet dieses Buch. Wie besiegt man Anfeindungen, Sorge, Not, Krankheit, Selbstvorwürfe, Sünde, Stumpfsinn, Furcht, Aufregung, Enttäuschungen, Depressionen, Ärger und all die anderen Dinge, die uns einfach deshalb begegnen, weil wir Menschen sind?

Wie können Sie erkennen, daß ich Ihnen hier keine Märchen erzähle? Das ist einfach: Probieren Sie es selbst aus!

Doch zuerst muß ganz klar sein, daß Sie wirklich Christus gefunden haben und Gottes Kind geworden sind. Dann sollten Sie ganz klar erkennen, welche Vorrechte Sie haben, wenn Sie Gottes Kind sind. Und endlich sollten Sie einfach aber vertrauensvoll diese Vorrechte in Anspruch nehmen und warten, welche Ergebnisse das hat.

Hört sich das zu gut an, um wahr zu sein? O nein – es ist vielmehr zu gut, um nicht wahr zu sein. Es ist Gottes vollkommener Plan für alle, die durch Jesus Christus Sein Eigentum geworden sind.

Gibt es noch mehr, das Sie wissen sollten? O ja – lesen Sie weiter. Doch zuerst wollen wir noch einige Dinge erläutern, mit denen wir uns auseinandersetzen müssen, wenn wir Sieger werden wollen:

FURCHT – ist der völlige Glaube an das Versagen. Es ist die Haltung des Verlierers.

KRANKHEITEN – werden oft auch dadurch verursacht, weil wir mit uns selbst und unserer Umgebung nicht zurecht kommen und deshalb unzufrieden sind.

SORGENGEIST – ist Beschäftigung mit den eventuellen Problemen der Zukunft schon heute. Dadurch schafft man noch mehr Probleme.

ENTTÄUSCHUNGEN – erleben jene Menschen, die Jesus nicht in ihrem Leben haben und sich nicht in allen Dingen auf Ihn verlassen (Sprüche 3, 6).

DEPRESSIONEN – sind das Gegenteil von Dankbarkeit, durch die wir Gottes Gnade rühmen. Durch unsere Depressionen ist zu sehen, wie ungnädig der Teufel mit uns Menschen ist. Seine Ungnade ist an seinem Tun zu erkennen. Der Teufel kommt, um „zu stehlen, zu verderben und Unheil anzurichten“ (Johannes 10, 10a); aber Jesus kam, damit wir „Leben haben und die Fülle haben“ (Johannes 10, 10b). Jesus nennt den Teufel „einen Mörder ... einen Lügner und den Vater der Lüge“ (Johannes 8, 44).

GROLL – entsteht da, wo der Glaube versagt hat. Es ist eine seelische Reaktion gegenüber anderen, die besser als Sieger leben, oder die uns durch das Spiegel-Prinzip von Römer 2, 1 zeigen, wer wir wirklich sind.

UN-GLÜCK – kann eigentlich nur Un-Gläubigen widerfahren, Gotteskindern geschieht so etwas nicht. Römer 8, 28 –

„Wir wissen aber, daß denen, die Gott lieben, alle Dinge zum Guten mitwirken" – garantiert besondere göttliche Möglichkeiten in jeder Lage. Der Erfolg ist garantiert!

SÜNDE – wird von der Bibel beschrieben als „alles, was nicht aus Glauben geschieht" (Römer 14, 23). Der Mensch versucht, den Glauben durch moralische Grundsätze, Situationsethik, humane Phrasen und menschliche Bemühungen, selbst gut zu sein, zu ersetzen.

SELBSTVORWÜRFE – folgen oft, wenn wir uns vorher selbst bemitleidet haben. Sie können auch dadurch entstehen, daß wir uns nicht im klaren darüber sind, welche Verheißungen uns als Kindern des höchsten Königs gegeben sind, oder auch durch unrealistisches Beharren auf sofortige Vollkommenheit und Perfektion.

Doch genug mit diesem Kummer-Wörterbuch. Wenn Gott will, daß alle Königskinder Sieger sind, warum gelingt es dann so wenigen? Warum ist es so ein mühsamer Kampf?

Es liegt an der menschlichen Natur. Unsere alte Natur kann sich nicht an die Tatsache gewöhnen, daß Gottes Wege besser sind als die unseren. Auflehnung gegen Gott ist einer der Grundzüge der menschlichen Natur. Deshalb ist es nötig, wenn Sie in ein neues Leben als Sieger hineinkommen wollen, daß Sie aus eigenem Entschluß zu Gott sagen: „Ich stelle mich Dir zur Verfügung, damit Du mich willig machen kannst, zu allen Zeiten den Wunsch zu haben, Deinen Willen zu tun."

„Aber dann muß ich doch mein eigenes Leben ganz aufgeben?!" wenden Sie ein.

Stellen Sie sich doch bereitwillig Gott ganz zur Verfügung und sehen Sie, was dann geschieht. Sie haben außer Ihren Sorgen, Ängsten, Ungewißheiten, Mühsalen, Enttäuschungen und allen anderen unerwünschten Dingen, die das Ergebnis Ihrer eigenen Anstrengungen sind, doch nichts zu verlieren.

„Wollen Sie damit sagen, daß ich so etwas wie eine Fußmatte werden soll, über die jeder laufen kann?"

Es mag für Ihren natürlichen Verstand zunächst vielleicht so aussehen. Doch vergessen Sie nicht: Wir sollten uns, um zu einer wirklichen Veränderung unseres Lebens zu kommen, einmal auf Gottes Weisheit verlassen. Wenn Sie Ihre heidnische Denkweise aufgeben und beginnen, sich nach dem Trainingsprogramm für Königskinder zu richten, werden Sie die gleiche Entdeckung machen wie ich: Gottes Plan funktioniert wirklich.

Was ist das Trainingsprogramm für Königskinder? Es ist so einfach, daß Sie sofort damit anfangen können. Es braucht weder Warte- noch Vorbereitungszeit. Danken Sie jeden Morgen, sobald Sie erwachen, Jesus dafür, daß Er für diesen Tag die Führung Ihres Lebens und Ihrer Angelegenheiten übernimmt. Erkennen Sie Ihn als den an, der den Ablauf dieses Tages bestimmen soll. Als Zeichen dafür, daß Sie Ihrem neuen Führer vertrauen, danken Sie Ihm für alles, was Ihnen an diesem Tag begegnen mag; was es auch immer sei.

„Aber wodurch weiß ich, daß Gott möchte, daß alle Königskinder Sieger sind?"

Weil Er selbst dies im Handbuch des Schöpfers (der Bibel) immer und immer wieder sagt. Verse wie zum Beispiel 3. Johannes 2, der sagt, Gottes Wille ist „allseitiges Wohlergehen und Gesundheit, wie es ja mit deiner Seele gut steht", sollten alle Zweifel beseitigen. Wenn Sie noch nicht überzeugt sind, dann schauen Sie einmal Johannes 10, 10 an, wo Jesus sagt: „Ich aber bin gekommen, damit sie Leben und die Fülle haben."

Sollten Sie ein Besiegter sein, um an diesem Leben der Fülle, das Königskindern zusteht, teilhaben zu können? Keinesfalls! Als ich vor mehr als 22 Jahren begann Jesus nachzufolgen, war ich Präsident unseres Unternehmens und in meinem Beruf, der Ingenieurswissenschaft, sehr erfolgreich. Ich besaß reichlich von allem, was diese Welt zu bieten hat – eine feine Familie, ein schönes Haus, große Autos und alle anderen Dinge, die in der Welt als Beweis für Erfolg gelten. Doch tief in meinem Inneren wurden die schreckliche Leere und Frustration, die durch irdischen Erfolg nicht vertrieben werden, mit jeder Stufe, die ich die Erfolgsleiter hinaufstieg, größer.

Doch dann, in meinem 48. Lebensjahr, begegnete ich Jesus

und beschloß, nach Seiner Lebensweise, wie Er sie in der Bergpredigt (Matthäus 5, 6 und 7) beschreibt, zu leben. Auf allen Gebieten meines Lebens richtete ich mich nach Seinem Vorbild. Seither sind 22 Jahre vergangen, in denen ich Jesus nachfolge. Ich mache immer noch Fortschritte, und mein Leben hat sich von da an auf erstaunliche Weise verändert.

„Ich habe immer gedacht, Gott hilft denen, die sich selbst helfen", höre ich da manchen Leser einwenden. Dazu kann man nur sagen: „Gott helfe den Christen, die versuchen, sich selbst zu helfen." Bitte vergessen Sie nicht, daß wir die Dinge des Lebens nicht mehr von unserem alten beschränkten Standpunkt des sogenannten „gesunden" Menschenverstandes aus betrachten wollten. Als Königskinder, die von Jesus lernen, kommt unsere Weisheit von oben (Jakobus 3, 17). Wir beginnen mit dem Abenteuer, unser Leben unter eine neue Führung zu stellen und können deshalb damit rechnen, daß wir Erfahrungen machen, die über die natürlichen Möglichkeiten hinausgehen. In Jesus ist alles Übernatürliche natürlich und alles Natürliche übernatürlich.

Um ein Sieger zu werden, sind sehr große Änderungen unserer Haltung und unserer Meinung über das Leben notwendig. Unsere Ansichten ändern sich in allen Situationen mehr und mehr, bis wir die Dinge vom Standpunkt Gottes aus sehen lernen. Erwarten Sie nicht, daß dies alles über Nacht geschieht. Die meisten von uns haben viele Jahre damit zugebracht, die zweitbesten Ergebnisse zu erzielen, indem sie dem Verliererprogramm dieser Welt gefolgt sind. Sich von den zweitbesten Prinzipien der Welt zu lösen und nach göttlichen Grundsätzen und damit als Sieger zu leben, braucht etwas Zeit. Verstehen Sie bitte, daß ich nicht behaupte, mit den Regeln dieser Welt könne man nichts erreichen – man kann sicherlich. Doch bei all den Erfolgen, die wir auf diese Weise erreichen, müssen wir auch die Ängste, Enttäuschungen, Depressionen und alle anderen üblen Begleiterscheinungen dieses Systems mit in Kauf nehmen. Da ist sicherlich die Methode Jesu der weitaus bessere Weg (Philipper 4, 13).

Die Tür zu diesem besseren Weg, der Eingang in das Siegerleben, ist Jesus. Wenn Er in uns Wohnung macht, werden wir Königskinder und haben „einen solchen Schatz in irdenen Gefäßen" (2. Korinther 4, 7), und das Leben, das „ich noch im Fleisch lebe, das lebe ich im Glauben an den Sohn Gottes, der mich geliebt und sich selbst für mich dahingegeben hat" (Galater 2, 20).

„Ist es denn wirklich so einfach?" fragen Sie vielleicht. Es muß so einfach sein, damit jeder die gleiche Chance hat. Wenn nur die Intelligenzler alles verstehen und deshalb diesen neuen Weg betreten könnten, wäre es ungerecht für uns weniger kluge Leute.

Welches ist der erste Schritt, nachdem wir auf diesen neuen Weg des Lebens mit Jesus gekommen sind? Willigkeit! Willigkeit, unsere alten Gewohnheiten total zu ändern und unser Leben nach dem Handbuch des Schöpfers (der Bibel) zu richten. Wir wollen sehen, was Gott im Blick auf die Überwinder – dieser Ausdruck wird in der Bibel oft für die Sieger gebraucht – zu sagen hat.

ÜBERWINDER (SIEGER)

Jesus macht Königskinder zu Überwindern über all die Dinge des Kummer-Wörterbuchs. Überwinder ist ein guter Ausdruck für Sieger. Das Handbuch des Schöpfers spricht an mehreren Stellen von Überwindern. 1. Johannes 5, 4–5 sagt: „Denn alles, was aus Gott geboren ist, überwindet die Welt; und dies ist die Siegesmacht, welche die Welt überwunden hat: unser Glaube. Wer anders aber ist es, der die Welt überwindet, außer dem, welcher glaubt, daß Jesus der Sohn Gottes ist?" Mit anderen Worten: Es gibt nur einen Weg, um ein Überwinder, ein Sieger zu sein, nämlich den, daß man ein Königskind, ein Kind Gottes wird, indem man Seinen Sohn Jesus Christus annimmt (Johannes 1, 12).

Denen, die auf dem biblischen Weg (und auf einem anderen Weg ist es nicht möglich) Überwinder werden, gelten viele wunderbare Verheißungen. Gott gibt ihnen „zu essen von dem Baume des Lebens, der im Paradiese Gottes steht“ (Offenbarung 2, 7); ihnen soll „der zweite Tod nichts anhaben können“ (Offenbarung 2, 11); ihnen wird „von dem verborgenen Manna zu essen gegeben; auch will Ich ihm einen weißen Stein geben, auf dem ein neuer Name geschrieben steht, den außer dem Empfänger niemand kennt“ (Offenbarung 2, 17); auch will Gott ihnen „Macht über die Heiden geben“ (Offenbarung 2, 26); sie sollen „mit weißen Kleidern angetan werden, und Ich werde seinen Namen nimmermehr aus dem Buche des Lebens streichen und werde seinen Namen vor Meinem Vater und vor Seinen Engeln bekennen“ (Offenbarung 3, 5); sie werden zu einer Säule im Tempel Gottes gemacht und Gottes eigener Name wird auf ihnen geschrieben sein (Offenbarung 3, 12); sie werden dazu bestimmt, mit Jesus auf dem Thron zu sitzen (Offenbarung 3, 21).

Zusammenfassend sagt Gott: „Wer da überwindet, soll dieses alles erben, und Ich will sein Gott sein, und er soll Mein Sohn sein“ (Offenbarung 21, 7).

BESIEGTE

Im nächsten Vers werden jene beschrieben, die nicht Sieger sind, die nicht überwinden. Eingeschlossen sind da die Feigen, die Treulosen (Ungläubigen), die Unreinen, die Mörder, die Unzüchtigen, die Zauberer, die Götzendiener, die Lügner. Statt der wunderbaren Verheißungen, die den Überwindern versprochen sind, gilt ihnen der See, der mit Feuer und Schwefel brennt –

dies ist der zweite Tod. Das ist, was Sie erreichen, wenn Sie nur an dem Zweitbesten festhalten und Jesus nicht annehmen. Dagegen ist das, was Gott zu geben hat, wirklich das Beste und etwas ganz anderes. Halleluja! Wir können haben, was wir wirklich haben wollen. Jesus sagt, daß Er die Welt überwunden hat (Johannes 16, 33); und wir sind auch Überwinder, wenn wir mit Ihm gehen.

SUPER-SIEGER

Das Handbuch des Schöpfers sagt von den Überwindern: „In dem allem siegen wir weitaus durch den, der uns geliebt hat" (Römer 8, 37). Jesus tut dies alles für uns. Im Gegensatz dazu ist es eine sehr harte Angelegenheit, wenn man in der Welt Sieger sein will. Dort hat ein Sieger fortwährend zu kämpfen, um seine Position zu verteidigen und auszubauen. In der Welt ist ein Sieger jemand, der immer wieder neu das Rennen gewinnen muß. Wer möchte in diesen aufreibenden Wettkampf eintreten? Wir haben eine viel bessere Möglichkeit in Jesus. Gotteskinder tauschen ihre alten Torheiten bereitwillig ein gegen solche Köstlichkeiten wie sicheren Sieg, Gerechtigkeit, Friede und Freude im Heiligen Geist. Wie dieser Tausch vor sich geht? Übergeben Sie ihr Leben völlig Jesus.

UNSER BEITRAG

Das eine, was Gott nicht hat und was nur Königskinder beitragen können, wollen wir Ihm gewöhnlich nur sehr zögernd bekennen und ausliefern: Unsere Schwachheit. Wo immer

Menschen sich stark fühlen, muß Gottes Kraft, die meist auf der Wellenlänge der Not zu uns kommt, warten, bis jemand arm im Geist wird, so daß er Gott zu seiner Stärke, seinem Leben, seiner Gesundheit, seinem Segen und seiner Weisheit macht.

GOTTES ANGEBOT

In 2. Korinther 12, 9 sagt Jesus: „Meine Gnade ist für dich genügend, denn Meine Kraft gelangt in der Schwachheit zur Vollendung." Und Paulus, dessen Augen durch den Heiligen Geist für diese gewaltige Wahrheit geöffnet waren, antwortet: „Darum will ich mich am liebsten um so mehr meiner Schwachheiten rühmen, damit die Kraft Christi Wohnung bei mir nimmt." Und überwältigt von dieser Wahrheit fährt er fort: „Darum bin ich freudigen Muts in Schwachheiten, bei Mißhandlungen, in Notlagen, in Verfolgungen und Bedrängnissen, die ich um Christi willen erleide"; denn es ist so gut, stark zu sein in der Kraft Christi, statt in der eigenen Stärke.

LEBEN UNTER NEUER FÜHRUNG

All dies ist verbunden mit dem Prinzip der Verwalterschaft, von dem Jesus in der Bergpredigt als dem wichtigsten Grundsatz der Freiheit spricht: „Selig sind die Armen im Geiste, denn ihnen wird das Himmelreich zuteil" (Matthäus 5, 3). Mit anderen Worten: Königskind, warum kannst du nicht einsehen, daß du geschaffen wurdest als Träger und Verwalter vom Besten des Himmels? Doch du kannst dies nicht sein, ehe du nicht alle Ansprüche auf deine Rechte auf irgend etwas aufgibst und dich Mir – entleert von dir selbst – so zur Verfügung stellst, daß Ich selbst mit Meiner großen Fülle in dir wohnen und durch dich anderen in ihren Nöten begegnen kann.

GOTTES WEISHEIT MACHT ZU SIEGERN

Als Gott Salomo zum König über Israel machte, stellte Er ihm ungeheure Möglichkeiten zur Verfügung. Er ermutigte Salomo, zu bitten, was er wünschte und versprach, daß Er es geben würde. Salomo bat um Weisheit, um ein guter Herrscher sein zu können. Weil er nichts für sich selbst bat, nahm er den Platz eines guten Verwalters ein. Deshalb gab Gott ihm unzählbare Reichtümer und Segnungen.

In Epheser 1 spricht Gott von zwei Erbschaften: Unserer in Jesus und der Seinen in uns. Das einzige, das wir Gott überhaupt zur Verfügung stellen können und das Er von uns braucht, ist ein leeres Gefäß, in dem Er mit aller Gerechtigkeit, Weisheit, Heiligung und Erlösung weilen kann (1. Korinther 1, 30).

Wenn wir nichts zu geben haben außer der einen Sache, die von einem Verwalter erwartet wird, der Treue, mag Gott uns alles oder nichts anvertrauen, wie immer Er es für gut befindet. Beides ist dem treuen Verwalter recht. Wenn dann Verfolgungen kommen sollten, kann der Verwalter sagen: „Herr, sieh, was sie Dir (mir) selbst tun. Wenn dies das Beste ist, was Du in dieser Lage tun kannst, muß es das Beste des Himmels sein; denn Du in mir bist das Beste des Himmels – und ich bin vollkommen in Dir“ (Kolosser 2, 10).

WARUM ZÖGERN? – STOLZ!

Wenn all die Segnungen für das Leben eines Königskindes, Sieger zu sein in allen Lagen, so nachdrücklich in Gottes Wort verheißen sind, und wenn durch die Jahrhunderte hindurch all jene, die sich nach den Richtlinien des Handbuchs des Schöpfers gerichtet haben, diese Segnungen bezeugen können, warum sind dann viele Gotteskinder so zurückhaltend, ganz in dieses verheißene Land einzutreten? Ich stellte Gott diese Frage vor vielen Jahren, nachdem ich mein Leben Jesus übergeben hatte. Seine Antwort bestand in einem Wort: Stolz!

Wir lesen über den Stolz in 1. Johannes 2, 16: „Denn alles ... hoffärtige Leben kommt nicht vom Vater her, sondern stammt aus der Welt."

Unsere Rechte für uns selbst – „der Geist, der gegenwärtig in den Söhnen des Ungehorsams wirksam ist" (Epheser 2, 2) – halten uns verstrickt in einen Haufen nur zweitbester verrotteter Ansprüche und Wünsche. In dieser Lage treibt uns unser Stolz dazu, den Lügen Satans zu glauben. Eine der raffiniertesten davon ist: „Du kannst auch ohne Gott zurecht kommen." Dieselbe Haltung war es, die Satan aus dem Himmel vertrieb und bringt auch uns dazu, die besten Segnungen des Himmels zu versäumen.

BEREIT-WILLIG

Viele Gotteskinder wünschen sich aufrichtig einen Gott gehorsamen Geist, der nötig ist für ein Siegesleben. Doch sie sind sich nicht im klaren darüber, wie sie ihre Aufrichtigkeit vor Gott prüfen können. Oft glauben sie, sie hätten eine volle Übergabe vorgenommen, obwohl tief in ihrem Inneren das

Interesse doch noch um sie selbst kreist. Ich habe dies selbst einigemale erlebt und bat Gott deshalb, mir einen sicheren Weg zu zeigen, auf dem ich meine innersten Motive richtig erkennen kann.

Die Sache ist so einfach, daß jedes Gotteskind sich selbst sofort prüfen kann, wenn sich die Notwendigkeit dazu ergibt. Diese falsche Einstellung zeigt sich in Furcht, Unruhe, Neid, Sorge oder ähnlichen Gefühlen. Mit anderen Worten: Immer, wenn solche Gefühle in uns aufsteigen, können wir sicher sein, daß wir aus unserer Stellung als Verwalter für Gott wieder in die Besitzerhaltung zurückgefallen sind. Solche Gefühle entstehen in uns immer dann als Reaktion, wenn *unsere Rechte* beeinträchtigt werden. Und jedesmal, wenn wir so reagieren, entdecken wir dadurch die Gegenwart des egozentrischen Lebens in uns – und das Ende des egozentrischen Lebens ist nicht Sieg, sondern Tod.

Das Gegenteil von Reaktion ist Antwort. Reaktion ist negativ. Antwort ist positiv. Nur wenn wir uns der unerschöpflichen Fülle Gottes, die für uns als Seine Verwalter voll zur Verfügung steht, bewußt sind, können keine negativen Reaktionen in unserer Seele aufsteigen; und dann können wir Gott auch in der rechten Weise Antwort geben. Wir sind dann in der Lage, uns der Nöte anderer anzunehmen, anstatt zu sagen: „Was geht das mich an?"

Sich als Eigentümer fühlen, ist wie ein Hemmschuh; denn wir benötigen dann all unsere Kraft, um unsere Position im Leben zu erhalten und auszubauen. Der Mensch ist nicht dazu geschaffen, sich als Eigentümer seines Lebens zu fühlen, sondern nur als Verwalter vor Gott. Oft, wenn ich mir gerade selbst wieder eingeredet hatte, daß nun wirklich alles in meinem Leben Gott ausgeliefert war, geriet ich in eine neue Situation hinein, die mir zeigte, daß ich eben doch noch kein vollkommener Heiliger sein kann. Sollten Sie vielleicht manchmal entmutigt sein, weil auch Sie immer wieder feststellen, daß Sie noch unvollkommen sind, dann trösten Sie sich mit der Tatsache, daß es im ganzen Neuen Testament keinen vollkommenen Heiligen zu finden gibt. Die Bibel zeigt immer wieder, daß der perfekte Zustand jetzt noch nicht zu erreichen ist. Aber „ich jage, das vorgesteckte Ziel im Auge, nach dem Siegespreis" (Philipper 3, 14), schreibt Paulus. Auch wir sollten diesem Ziel zustreben. Laßt nicht nach, Königskinder, es ist Hoffnung für uns alle, denn Jesus ist unsere Vollkommenheit!

BESITZANSPRUCH GEGEN VERWALTERSCHAFT

Wenn der Herr wirklich mein Hirte ist, dann führt Er mich auf die herrliche grüne Weide, wo Seine Fülle mir zuteil wird. Habe ich mich Seiner Autorität unterstellt, bringt Er mich zu den frischen Wasserquellen. Meine Seele, die unter meiner eigenen Herrschaft durch das Erbe des ersten Adams krank und verdorben war, wird unter Seiner Leitung neu auferbaut und gesundet. Jesus, der letzte Adam, gibt mir einen neuen Start, ein gereinigtes Leben und einen neuen Namen, der im Himmel geschrieben ist. Er sagt: „Gib deine eigenen Rechte auf, damit Ich durch dich verherrlicht werden kann." Wenn wir willig werden, nichts zu sein, damit Er alles sein kann, sind wir wie ein Vergrößerungsglas, durch das Gott durch uns für diese Welt sichtbar wird. Wenn wir Gott die Herrschaft überlassen und nicht immer wieder Vorbehalte machen, wird dies bald in unserem Leben zu sehen sein.

„Alles, was ihr auf der Erde bindet – durch euren eigenen Besitzanspruch –, wird auch im Himmel gebunden sein"; Gott wird es nicht in Seine Hand nehmen. „Und was ihr auf der Erde löst, wird auch im Himmel gelöst sein", und Gott gebraucht es zu Seiner Zeit zum Wohle aller (Matthäus 18, 18). Immer wenn wir uns selbst als Eigentümer ansehen, verliert irgend jemand. Doch wenn Gott alles übergeben ist, haben alle den Gewinn davon. 1. Thessalonicher 5, 16–18 zeigt klar, in welcher Haltung wir unsere Verwalterschaft ausüben sollen. „Seid allezeit fröhlich, betet ohne Unterlaß, sagt in jeder Lage Dank, denn so will es Gott von euch in Christus Jesus." Und Sprüche 3, 5–6 steht es so: „Vertraue auf den Herrn mit ganzem Herzen und verlaß dich nicht auf eigene Klugheit; denke an Ihn auf allen deinen Wegen, so wird Er dir die Pfade ebnen." Womit immer Gott uns dann beauftragt, in einer solchen Haltung sind wir Gottes Wille in Aktion.

WAHRE FREIHEIT

„Wenn also der Sohn euch frei gemacht hat, dann werdet ihr wirklich frei sein" (Johannes 8, 36) – frei von den Bürden und Verantwortungen des Besitzers, frei, unsere Erbschaft in Christus so recht zu ergreifen, die Erbschaft der Königskinder, die jedem Sieger verheißen ist. Halleluja!

Wenn alles andere versagt – und es wird –, dann lies die Anweisungen in Gottes Wort und folge ihnen zum Sieg.

Herr Jesus, mache mich willig, heute Dein Wille in Aktion zu sein – und wenn ich mit meiner Bitte doch noch nicht ganz allein Dich meinen sollte, dann gehe Du voran und tue es trotzdem.

1

Sieger über Verständigungsschwierigkeiten

Bringe Dank dem Herrn als Opfer dar und bezahle so dem Höchsten deine Gelübde, und rufe Mich an am Tage der Not, so will Ich dich retten, und du sollst Mich preisen (Psalm 50, 14 und 15).

Vor mehreren Jahren nahm ich an einer Rüstzeit im Brevard College, Nordkarolina, teil, die mein Mitbruder in Christo, Joe Petrie, hielt. „Ich habe gehört, daß du sagst, Jesus kann alles, nur uns nicht enttäuschen“, sagte er zu mir.

„Ich bekenne, dies gesagt zu haben“, erwiderte ich ihm.

„Glaubst du, Er könnte dich vor eine Versammlung stellen, die eine dir fremde Sprache spricht; du würdest zu diesen Leuten predigen, und der Herr würde machen, daß sie dich verstehen?“

Ich schluckte heftig. Doch da ich vorher so überzeugend geredet hatte, schien es mir nicht möglich, einen Rückzieher zu machen. „Warum sollte Er das nicht können?“ antwortete ich. „Gott ist doch ein Gott, dem nichts unmöglich ist.“

„Mehr wollte ich gar nicht wissen“, meinte er mit hinterhältigem Kichern. „Du bekommst morgen abend eine Gelegenheit, das auszuprobieren.“

„Morgen?“ Ich begriff das nicht. „Fliegen wir ins Ausland oder etwas ähnliches?“ Ich war nicht sicher, ob mein Paß in Ordnung war.

„Nicht ganz“, sagte er. „Aber nicht weit weg, drüben am Mount Pisgah, ist ein Lager für mexikanische Bohnenpflücker. Sie sprechen nicht Englisch und du nicht Mexikanisch. Ich habe dich für morgen abend vorgesehen, zu ihnen zu predigen.“

Er beobachtete, wie ich reagieren würde. Ich stand da und mußte all meine Energie zusammennehmen, damit meine Knie nicht zu schloddern begannen. Ich glaube aber, ich habe ihm nicht erschrocken genug dreingeschaut.

„Wenn der Herr nicht dafür sorgt, daß sie dich verstehen, wird es ein ziemlicher Fehlschlag“, brachte er mir genüßlich bei.

Ich setzte mich und hielt meine Knie gewaltsam ruhig. Meine Zähne wollten klappern wie Kastagnetten, mein Magen begann unruhig zu werden, und ich stöhnte laut. Ich wünschte, nie von einem Prediger mit Namen Joe Petrie, einem Brevard College und einem Mount Pisgah gehört zu haben.

WAGE ES, FÜR JESUS ZU VERSAGEN

Die Situation trug sofort zur Verstärkung meines Gebetseifers bei. Ich wagte nicht, aufzuhören, Gott zu danken und Ihn statt dessen zu bitten, mir aus der Schwierigkeit herauszuhelfen, in die ich mich selbst gebracht hatte. Nach kurzer Zeit fühlte ich mich wieder etwas besser, obwohl nirgends eine Lösung in Sicht war.

Im Laufe des Nachmittags lernte ich eine junge Frau aus unserer Gebetsgruppe kennen, die Spanischlehrerin in Michigan war. Halleluja! Mose hatte Aaron, der für ihn sprach; für mich würde Isabel – oder wie ihr Name auch immer war – der Mund sein. Ich würde Englisch reden, und sie konnte es in perfektes

Spanisch übersetzen. Oder etwa nicht? Ich atmete erleichtert auf, ging zu ihr und erzählte ihr, welch wunderbare Gelegenheit sie hätte, dem Herrn zu dienen und für mich eine Gebetserhörung zu sein.

Doch sie antwortete mir: „Es tut mir sehr leid, aber ich spreche nur das klassische kastilische Spanisch . . .“

Sogar ich wußte, daß dieses klassische Spanisch etwas ganz anderes ist als das, was diese mexikanischen Erntearbeiter sprachen. Mein Herz sank wieder in die Kniekehlen und ich begann, vor Gott ein wenig zu seufzen.

„Herr, ich sehe keine Möglichkeit, auf diesen Berg zu gehen und einer Schar mexikanischer Bohnenpflücker eine Botschaft zu bringen, wenn Du nicht etwas tust. All meine menschlichen Mittel versagen.“ Doch ich fühlte keinerlei Ermutigung in mir. Gott schien es recht zu sein, mich in eine Lage zu bringen, wo ich nur noch auf Ihn hoffen konnte.

Nun, ich beschloß, zu ihnen zu gehen. Doch wenn Gott nichts zu den Bohnenpflückern sagen würde, mußte es schief gehen. Ich würde dann einfach die ganz Zeit stumm vor ihnen stehen müssen und hoffte nur, es würde nicht zu lange sein. „Herr, ich weiß, daß ich selbst schuld bin, weil ich mit Dir geprahlt habe, aber Du wirst mir sicher aus diesem Problem heraushelfen. Bitte?“ Doch ich bekam immer noch keine Antwort.

Am nächsten Abend fuhren mehrere Autos mit Rüstzeitteilnehmern mit uns, um an meinem großen Fiasko teilzunehmen, bei dem mein Ruf gründlich ruiniert werden würde. Hill, der nie um Worte Verlegene, sprachlos. Das war undenkbar. Ich fuhr fort zu danken und Gott zu preisen; aber nicht etwa, weil mir danach zumute gewesen wäre. Ich sah einfach keine andere Möglichkeit. Ich klammerte mich an die Verheißung von Psalm 50, 14–15: „Bringe Dank dem Herrn als Opfer dar und bezahle so dem Höchsten deine Gelübde, und rufe Mich an am Tage der Not, so will Ich dich retten, und du sollst Mich preisen.“

Die etwas seltsame Gemeinde der Bohnenpflücker hatte sich in der Nähe einer zusammengefallenen Baracke versammelt.

Sie schienen sich für diese Gelegenheit extra fein gemacht zu haben und saßen auf alten Kisten und Gemüsestiegen. Alle schauten erwartungsvoll zu der baufälligen und wackeligen Veranda der Baracke, die mir als Rednerpult dienen sollte.

Wir begannen mit einigen Liedern, die die Mexikaner nicht zu verstehen schienen. Es wurde immer noch wärmer, und den meisten von uns lief der Schweiß über das Gesicht. Die Mexikaner blickten bald so drein, als würde ihnen ein guter Schlaf viel nützlicher sein als alles, was wir ihnen zu bieten hatten. Ich wünschte fast, sie würden davongehen, so daß wir zurückfahren und ich mich verstecken konnte.

Nachdem das Singen langsam verklang, bat ich den Herrn, meine Beine nicht zittern zu lassen, während ich einige Bibelstellen las. Ich weiß nicht mehr, was ich las. Ich hätte meine Bibel ebenso verkehrt herum in der Hand haben können. Doch ich fuhr fort zu lesen, weil ich nichts anderes zu tun wußte. Endlich mußte ich doch aufhören, denn die trüben Blicke meiner Zuhörer machten mir eindringlich klar, daß ich nicht ankam. Als ich aufhörte zu lesen, stand ich einfach da und wartete. Die anderen, die mit mir gekommen waren, warteten auch. Die Bohnenpflücker warteten und Joe Petrie wartete. Und ich hatte das seltsame Gefühl, daß der Herr auch wartete.

Plötzlich unterbrach eine kleine Frau, die am Ende der Veranda saß, unser Warten. Sie begann unter der Kraft des Heiligen Geistes zu zittern. Ich kannte sie schon von früheren Rüstzeiten und wußte, daß sie Sybil hieß. Sie war eine von der stillen Sorte und hatte nie etwas gesagt. Immer noch zitternd erhob Sybil sich und kam langsam dahin, wo ich stand. Bei mir angekommen, ergriff sie meinen Arm und schaute die Bohnenpflücker an. Als sie ihren Mund öffnete, begann sie in einer spanisch klingenden Sprache zu sprechen, die ich nie zuvor gehört hatte. „Mose, hier ist dein Aaron“, schien der Heilige Geist mir zuzuflüstern.

Augenblicklich wurden die Mexikaner lebendig und blickten interessiert. Ich pries still den Herrn für den Sieg, den Er aus der scheinbar schon sicheren Niederlage machen wollte. Sybil predigte ungefähr zwanzig Minuten. Ihre Worte wurden mit jedem Satz sicherer und kräftiger. Ich begriff nicht, was sie sagte, doch die Mexikaner schienen sie gut zu verstehen. Ihre dunklen Augen wurden immer größer, und einigen liefen die Tränen über ihre braunen Gesichter.

„Jesu Christo, Jesu Christo." Ich konnte aus dem Murmeln, das ab und zu durch die Zuhörerschaft ging, diesen Namen heraushören. Dann schien Sybil die Bohnenpflücker aufzufordern, ihr Leben diesem Jesu Christo zu übergeben. Überall in der Zuhörerschaft sah ich, wie plötzlich mexikanische Gesichter zu strahlen begannen. Im Geiste wußte ich, daß sie ihr Leben Gott übergaben, der ihnen hier auf dem Berg durch die Worte einer kleinen Frau, die sonst nie viel zu sagen hatte, lebendig geworden war. Weil wir vor Ihm gewartet und gewagt hatten, Ihm zu vertrauen, hatte der Herr das Unmögliche wieder einmal möglich gemacht.

Später erfuhr ich, daß Sybil in der gleichen Gegend Mexikos geboren wurde, in der die Bohnenpflücker lebten. Nun predigte sie ihnen das Evangelium in ihrem eigenen Dialekt. Jesus hatte Sein Wort nicht leer ausgehen lassen, sondern dadurch etwas erreicht: Erlösung für eine Anzahl mexikanischer Bohnenpflücker. Sie hatten den ersten Schritt auf dem Weg der Sieger getan. Sie hatten ihr Leben dem König aller Könige übergeben und waren nun Königskinder geworden.

Am nächsten Tag beluden wir einen Kombi mit Wassermelonen und fuhren wieder den Berg hinauf. Dort feierten wir ein so wunderbares Liebesfest miteinander, daß es nicht darauf ankam, daß wir nicht zusammen sprechen konnten. Jeder lächelte und lachte so viel, daß wir gar nicht zum Reden kamen. Unsere strahlenden Gesichter müssen kilometerweit geschienen haben, da unsere Herzen alle mit der Liebe Jesu erfüllt waren.

Wieder einmal hatte ich erlebt, wie treu Gott Sein Wort hält. Wenn wir es so nehmen, wie es geschrieben ist, und für unsere Lage anwenden, erfahren wir, daß Gott Seine Verheißungen hält. „Bringe Dank dem Herrn als Opfer dar und bezahle so dem Höchsten deine Gelübde, und rufe Mich an am Tage der

Not, so will Ich dich retten, und du sollst Mich preisen" (Psalm 50, 14–15).

Ungläubige und Heiden opfern keinen Dank. Sie halten Gott ihre Versprechungen nicht. Deshalb haben sie auch nicht das Recht, am Tage der Not zu Ihm zu rufen, um Hilfe zu bekommen. Alles, was ihnen bleibt, ist immer wieder Trübsal und Enttäuschung. Und ihre eigenen Ermutigungen müssen sie auch noch selbst bezahlen. Niemand bringt ihnen eine Wassermelonenladung voller Friede, Gerechtigkeit und Freude.

Vielleicht sind Sie schon vor langer Zeit ein Gotteskind geworden, haben aber nicht als solches gelebt. Sie können Jesus neu versichern, daß Sie glauben, daß Er der Sohn Gottes ist, der für Ihre Sünden starb und vom Tode auferstand. Sie können Ihn bitten, Ihr Leben so mächtig zu ergreifen, daß Sie Ihm bereitwillig alles ausliefern. Wenn Sie dies getan haben, können Sie von den Segnungen profitieren, die Psalm 50, 14–15 verheißt, wenn immer Sie in Schwierigkeiten geraten. Sie können Gott danken, Ihm Ihre Gelübde bezahlen und damit rechnen, daß Er Ihnen in Ihren Nöten zu Hilfe kommt. Und dadurch können Sie Ihn verherrlichen. Das heißt, ein Sieger sein nach der Art der Königskinder.

Danke, Herr Jesus, daß Du für meine Sünden starbst. Es tut mir leid, daß ich mich so oft von Dir abgewandt habe. Ich übergebe Dir mein Leben jetzt ganz und bitte Dich, mächtiger als je in mir zu leben und zu wirken. Danke, daß Du mir alles vergibst, was ich gegen Dich getan habe. Reinige mich neu durch Dein Blut und laß mich von heute an in Deinem Geiste wandeln. Nimm jedes Gebiet meines Lebens in Deine Hand, damit in mir und durch mich alles nach Deinem vollkommenen Plan und Willen geschieht. Danke, Herr Jesus. Amen.

2

Sieger in jeder Lage

Wer anders aber ist es, der die Welt überwindet, außer dem, welcher glaubt, daß Jesus der Sohn Gottes ist (1. Johannes 5, 5). Denn wenn du mit deinem Munde Jesus als den Herrn bekennst und mit deinem Herzen glaubst, daß Gott Ihn von den Toten auferweckt hat, so wirst du gerettet werden (Römer 10, 9).

Alles in der Welt, das wir kennen, funktioniert nach bestimmten Gesetzmäßigkeiten. Doch kein Naturgesetz ist der Anlaß dafür, *daß* etwas geschieht. Das Gesetz erklärt nur, *wie* die Dinge geschehen. Und ob Sie selbst nun sich nach diesen Gesetzmäßigkeiten richten wollen oder nicht, hat überhaupt keinen Einfluß auf dieselben.

Das Gesetz der Schwerkraft zum Beispiel besagt: „Wenn du von großer Höhe hinunterspringst, brichst du dir die Knochen." Vielleicht gefällt Ihnen ja dieser Gedanke nicht und ist gegen all Ihre Ansichten. Aber wenn Sie von einem Dach hinunterspringen, werden Sie es merken. Das Gesetz der Schwerkraft läßt sich von andersartigen Meinungen überhaupt nicht beeinflussen. Sie mögen dick oder dünn, groß oder klein sein; ob Hilfsschüler oder Professor, Bauer, Handwerker oder König –

das Gesetz der Schwerkraft wird für niemand eine Ausnahme machen.

Gott, der alles geschaffen hat, ist verantwortlich für die Naturgesetze. Doch Er hat auch für die geistlichen Dinge Grundsätze gegeben. Und diese Grundsätze hat Er in einem Buch niederschreiben lassen, damit wir unterscheiden können, was gut und böse ist und unser Leben danach einrichten. Wir haben die Wahl. Wir können wählen zwischen gut und böse.

In der Bibel, dem Handbuch des Schöpfers, sagt Gott uns, daß wir, wenn wir für unser Leben das beste Ergebnis für diese Zeit und die Ewigkeit erwarten, uns nach Seinen Anweisungen richten müssen. Wenn Sie zufrieden sind mit dem weniger Guten, dann können Sie ja ruhig so weitermachen wie bisher. Aber wenn es in Ihrem Leben besser werden soll, müssen Sie auf Gottes Absichten eingehen. Der Erfolg ist dann garantiert.

Das erste, was Sie tun müssen, ist, sich in die Schule Gottes zu begeben. Und dies ist keinesfalls so schwer, als irgend einem Verein oder einer sonstigen Organisation beizutreten; und die Ergebnisse sind unbeschreiblich viel größer. Das Handbuch des Schöpfers sagt Ihnen alles über Ihre Rechte und Privilegien als Königskind. Und all dieser Rechte können Sie sich erfreuen, wenn Sie zu der richtigen Art von Menschen gehören.

Es gibt grundsätzlich zwei Arten von Menschen in dieser Welt: Solche, die nur einmal geboren sind, und dann die, die zweimal geboren wurden. Zweimal geborene Menschen sind Königskinder und haben Anrecht auf die große Erbschaft Gottes. Außerdem sind sie Werkzeuge in der Hand ihres himmlischen Vaters, um auch anderen diese gute Neuigkeit zu erzählen.

„Wenn also jemand in Christus ist, so ist er eine neue Schöpfung“, schreibt Paulus in 2. Korinther 5, 17. Nicht ein altes, nur äußerlich ehrbar gemachtes Geschöpf, sondern mit einem ganz neuen, wiedergeborenen und von Gott umgestalteten Wesen. Perfekt! Es ist das Recht eines jeden Königskinds, nicht als nur aufpolierter Versager wieder anfangen zu müssen, sondern als ganz neuer Mensch. Es spielt auch keine Rolle, wie sehr Sie selbst Ihr Leben verdorben haben. Wenn Sie zu Jesus kommen, erhalten Sie ein ganz neues dafür. Von da an sind Sie für Gott etwas Besonderes und werden von Ihm auf besondere Weise behandelt.

LEBEN ODER TOD
SIND IN ZWEI WORTEN VERBORGEN:
IN „JA“ ODER „NEIN“ ZU JESUS!

Paulus fährt fort: „Das Alte ist vergangen, siehe, ein Neues ist entstanden! Das alles ist aber das Werk Gottes“ (2. Korinther 5, 17–18). Das heißt auch: Nachdem Sie Jesus persönlich begegnet sind, ist nichts, was Ihnen begegnet, mehr dem Zufall überlassen. Er achtet auf alles. Wenn Ihr Leben Jesus nicht gehört, müssen Sie mit allem, was Ihnen begegnet, wie unangenehm es auch sein mag, selbst fertig werden, und können sich noch nicht einmal darüber beklagen, denn Sie brauchten ja nicht in diesem christus- und gottfernen Zustand zu leben. Gott will das nicht. Alles, was Jesus durch Sein Opfer erworben hat, gehört Ihnen, wenn Sie zu Ihm kommen und Ihn bitten.

Königskindern ist durch Jesus das Recht erworben, daß Gott mit ihnen in besonderer Weise umgeht, weil sie eine besondere Verbindung zu ihrem himmlischen Vater haben, der alles erschaffen hat und immer noch durch Seine mächtige Hand erhält. Diese besondere Verbindung ist nur durch einen Vermittler möglich – Jesus. Auf keine andere Weise erhält man himmlisches Bürgerrecht. „Ich bin der Weg, die Wahrheit und das Leben“, sagt Jesus, „und wenn du Gott als deinen himmlischen Vater kennenlernen willst, dann mußt du es durch Mich tun“ (Johannes 14, 6). Gott hat keinen anderen Mittler als Jesus.

Wenn Ihnen diese Mittlerstellung Jesu nicht zusagt, dann können Sie alle Gedanken, ein Königskind zu werden, aufgeben, denn das Recht, ein Kind Gottes zu sein, wird nur denen gegeben, die Jesus annehmen (Johannes 1, 12). Wenn es nur eine Tür zu dieser besonderen Gemeinschaft mit Gott gibt und Ihnen diese Tür nicht gefällt, dann müssen Sie eben ohne diese Gemeinschaft bleiben. Um in die Schule Gottes kommen zu können, müssen Sie durch Jesus eintreten. Gewiß, die Welt bietet allerlei Arten von anderen Möglichkeiten an. Viele davon sind sehr ansprechend und wirken sehr attraktiv. Doch keine davon hält, was sie verspricht.

Wissenschaftler haben entdeckt, daß Atome ziellos und unkontrollierbar herumwandern. Wir finden dies auch bei vielen Menschen. Sie rennen ziellos von einer Sache zur anderen, ohne etwas zu erreichen. Sie versuchen, mit irgend etwas in Verbindung zu kommen oder etwas mit sich selbst in Verbindung zu bringen, um so Erfüllung für ihr Leben zu finden. Doch sie erreichen nichts, es sei denn, sie kommen in Verbindung mit Jesus. „Nur in Mir kannst du Erfüllung und Zufriedenheit finden", sagt Jesus. „Ohne Mich kannst du die ganze Welt durchsuchen und alle Angebote ausprobieren. Nichts von alledem wird den leeren Platz in deinem Leben ausfüllen, der allein Mir zusteht."

Ohne echte Verbindung mit Jesus haben Sie auch im besten Falle nur ein zweidimensionales leeres Leben. Sie mögen das noch nicht erkannt haben, aber es ist trotzdem wahr. Ob Sie dabei zu den äußerlich erfolgreichen Menschen zählen oder nicht, ob Sie von der Universität oder aus dem Gefängnis kommen, das macht keinen Unterschied. Ohne Jesus bleibt Ihr Leben leer. Es kann gar nicht anders sein.

Sollten Sie noch kein Königskind sein, sind Sie dann bereit, den Schritt Nummer eins zu tun, um in dieses erfüllte und sinnvolle Leben als Kind Gottes hineinzutreten und das Leben der Leere und Dunkelheit aufzugeben? Sind Sie bereit, Jesus zu begegnen? Sie können sich gerade jetzt zu Ihm wenden und Ihn in Ihren eigenen Worten und auf Ihre eigene Weise bitten, Ihnen zu begegnen. Je einfacher Ihr Gebet ist, um so besser. Wenn Ihnen gerade die rechten Worte nicht einfallen, wie wäre es dann mit diesen:

Herr Jesus Christus, ich bin bekümmert über das, was ich aus meinem Leben gemacht habe. Ich möchte loskommen von all den törichten Dingen, die ich je getan habe, und von all den falschen Dingen in meinem Wesen. Vergib mir bitte dies alles und befreie mich von all der Häßlichkeit und Schlechtigkeit tief in mir.

Ich danke Dir, daß Du die Kraft hast, mein Leben zu verändern und aus mir einen Überwinder und Sieger zu machen. Habe Dank, daß ich nicht Dich zu erwählen brauchte, sondern daß Du mich erwählt hast, um in ein besseres und höheres Leben hineinzukommen, in bleibendes Leben. In das ewige Leben, das beginnt, wenn Du bei mir einziehst, und das nie wieder endet. Habe Dank, Herr, daß Du mich dazu gebracht hast, mein Leben jetzt in Deine Hand zu legen.

Herr, bestimme Du von nun an mein Leben, all meine Angelegenheiten, alles, was mich betrifft. Hilf mir, meine Entscheidungen jetzt nach Deinem Willen zu fällen, denn solange es nach meinem Willen ging, bin ich nicht sehr gut gefahren. Nimm alles, was ich Dir übergebe, in Besitz und hilf mir, alles an Dich auszuliefern. Ich danke Dir, Herr, daß Du verstehst, wie schwer es mir fällt, mich Dir völlig auszuliefern.

Und nun, Herr, komm in mein Leben. Wie das geschieht und was das alles erfordert, soll Deine Sache sein. Doch werde in mir lebendig und fülle diese schreckliche Leere in mir aus. Nimm mir meine Ungewißheit, meine Unruhe, mein Verlorensein, mein Verlangen nach Alkohol, Pillen und anderen Dingen. Nimm mir meine Verbitterung darüber, daß dieses Leben eine solche Mühsal und Enttäuschung ist. Bitte, verwandle alles.

Danke, Herr, daß Du versprochen hast, daß jeder, der Dich anruft, gerettet wird. Ich danke Dir, daß Du mich rettest und Dich in mir offenbaren willst. Habe Dank, Herr Jesus.

Und nun, Herr, beginne Dein Werk in mir zu tun, auch da, wo ich selbst noch zögernd und unsicher bin, ob ich es wirklich so ganz will. Tue es trotzdem ganz und völlig, Herr. Habe Dank dafür.

Ich bin froh, daß ich jetzt Dein Kind bin und daß die Unsicherheit für immer fort ist. Ich freue mich, durch Deinen

Geist von neuem geboren zu sein in ein dreidimensionales Leben hinein. Und, Herr, ich begebe mich jetzt in Deine Schule und bin bereit, alles zu lernen, was Du mich lehren willst, damit ich ein Sieger und Überwinder werden kann – ein rechtes Königskind! Dies alles bitte ich in Jesu Namen. Amen.

3

Sieger über Kraftmangel

Ihr aber bleibt hier in Jerusalem, bis ihr mit Kraft aus der Höhe ausgerüstet worden seid (Lukas 24, 49)! Ihr werdet jedoch Kraft empfangen, wenn der Heilige Geist auf euch kommt, und ihr werdet Zeugen für Mich sein (Apostelgeschichte 1, 8).

Fühlen Sie sich jetzt wie ein Königskind? Wenn Sie das Gebet am Ende des letzten Kapitels ganz aufrichtig gebetet haben, sind Sie ein Königskind, ob Sie sich nun so fühlen oder nicht. Gefühle sind gut, aber nicht verläßlich. Gefühle hängen zu sehr vom Wetter ab oder evtl. davon, ob ihre letzte Mahlzeit sich mit Ihrem Magen verträgt. Von jetzt an haben Sie das Recht, auf die Wahrheiten des Wortes Gottes zu bauen und nicht auf Ihre Gefühle. Gottes Wort sagt, Sie sind eine neue Schöpfung, weil Sie Christus Ihr Leben übergeben haben – und dabei bleibt es.

Eines der ersten Dinge, die ein Königskind entdeckt, ist, daß die Bibel, dieses alte Buch, das so langweilig und staubig erschien, wunderbare Dinge in sich birgt. Ganz plötzlich werden die Worte Jesu und all das, was Gott die Apostel in den Briefen niederschreiben ließ, höchst interessant. Und plötzlich erkennen Sie, daß die ganze Bibel direkt für Sie geschrieben ist. Außerdem werden in Ihrem Leben erstaunliche Dinge geschehen, wenn Sie das, was in diesem Handbuch des Schöpfers niedergeschrieben ist, für sich persönlich wörtlich nehmen. Sie werden so großartige Erfahrungen machen, daß der Wunsch groß wird, allen anderen Menschen davon zu erzählen.

Doch tun Sie das noch nicht. Die Jünger hatten vielleicht auch die Absicht, diese wunderbaren Neuigkeiten von Jesus allen mitzuteilen. Doch Jesus sagte ihnen, sie sollten nach Jerusalem zurückgehen und dort auf die Kraft warten, die sie empfangen würden. *Dann* sollten sie sich aufmachen und allen Menschen davon erzählen.

Jesu letzte Worte an Seine Jünger vor Seiner Himmelfahrt waren nicht: „Also gut, Freunde, Ich habe euch alles gesagt, was Ihr wissen müßt. Ich gehe jetzt zu Meinem Vater und möchte, daß ihr sofort eifrig an eure Aufgabe geht, allen Menschen von Mir zu erzählen." So hat Er nicht gesagt. Er forderte sie vielmehr auf, auf etwas zu warten, das noch geschehen sollte.

In unserer heutigen Zeit sind wir nicht mehr gewöhnt zu warten. Wenn etwas nicht sofort sein kann, ist es zu langsam. Doch die Jünger vertrauten den Worten des Herrn, daß Übereile falsch sei. Jedenfalls gingen sie wieder nach Jerusalem und warteten, wie Jesus ihnen gesagt hatte. Vielleicht waren sie sich dessen bewußt, daß ihre eigene Kraft nicht ausreichen würde, den Auftrag Jesu zu erfüllen, und daß sie eine ganz neue Ausrüstung dafür brauchten. Vielleicht vertrauten sie auch einfach den Worten ihres Herrn. Jedenfalls sagten sie nicht: „Aber Meister, warum sollten wir noch warten? Es muß so viel getan werden. Wir wollen uns sofort aufmachen." Sie warteten. Und während sie warteten, nutzten sie die Zeit. Sie haben nicht gesessen und vielleicht Karten gespielt oder ähnlich die Zeit vergeudet, sondern um eine Erweckung gebetet. Nach Apostelgeschichte 1, 14 waren sie einmütig beieinander mit Beten und Flehen, Maria, die Mutter Jesu, war auch unter ihnen.

Während die Jünger so warteten, geschah es. Da war plötzlich ein Brausen wie von einem gewaltigen Wind, und Feuerzungen setzten sich auf jeden von ihnen. Sie wurden erfüllt mit dem Heiligen Geist und sprachen in anderen Zungen. So kam die Kraft, welche die Jünger brauchten, um die Welt auf den Kopf zu stellen.

Das Kommen des Heiligen Geistes verursachte soviel Aufsehen, daß Tausende von Menschen zusammenliefen, um zu sehen, was geschah. Einige brachten vielleicht Wassereimer mit, um Feuer zu löschen. Doch das Feuer des Heiligen Geistes ist etwas, das niemand löschen kann. Als Fragen laut wurden, was hier geschähe, stand Petrus auf und gab Antwort. Derselbe Petrus, der noch wenige Wochen vorher sogar geleugnet hatte, Jesus überhaupt zu kennen, bezeugte Ihn jetzt freudig vor diesen Menschenmassen. Und was Petrus sagte, war so kraftvoll, daß sich dreitausend Menschen sofort bekehrten. Dies alles geschah, weil die Jünger auf den richtigen Augenblick gewartet hatten.

Von diesem Tage an bis heute ist überall da, wo Königskinder um diese Kraftausrüstung beteten und sie empfingen, die Welt nicht mehr dieselbe gewesen wie vorher. Ohne den Heiligen Geist brauchen wir es gar nicht erst zu versuchen, als rechte Königskinder zu leben; wir werden es doch nicht schaffen.

Wie können Sie die Fülle des Heiligen Geistes für Ihr eigenes Leben empfangen? Sie brauchen nicht in das Reisebüro zu gehen und eine Fahrkarte nach Jerusalem zu kaufen. Auch ist es nicht mehr nötig, vierzig Tage zu warten. Alles, was Sie tun müssen, ist, Gott darum zu bitten. Gerade dort, wo Sie sind, und gerade jetzt. Jesus sagt uns: „Bittet, so wird euch gegeben werden; suchet, so werdet ihr finden; klopft an, so wird man euch auftun! ... Wo wäre aber unter euch ein Vater, der seinem Sohne, wenn er ihn um Brot bittet, einen Stein reichte? oder wenn er ihn um einen Fisch bittet, wird er ihm statt dessen wohl eine Schlange reichen? oder auch einen Skorpion statt eines Eies? Wenn nun ihr, die ihr doch böse seid, euren Kindern gute Gaben zu geben versteht, wie viel mehr wird der Vater vom Himmel her den Heiligen Geist denen geben, die Ihn darum bitten“ (Lukas 11, 9. 11–13). Sie brauchen also nur zu bitten.

ARME IM GEISTE SIND DIE LEEREN GEFÄSSE, DIE GOTT GERN ERFÜLLT.

Wenn Sie dann ausgerüstet sind mit der Fülle des Heiligen Geistes, können Sie hingehen und die Dinge alle tun, von denen die Bibel sagt, daß sie zum Leben eines Königskindes dazugehören. In 1. Korinther 12, 8–10 lesen wir von den Gaben des Heiligen Geistes, die wir brauchen, um unsere Aufgabe auszuführen. Sie sind nicht dazu gedacht, daß wir sie für uns gebrauchen, sondern um damit Menschen zu dienen, die Hilfe nötig haben. Da ist die Gabe des Wortes der Weisheit, das Wort der Erkenntnis, Glaube, Gaben der Heilung, Wunderwirkungen, prophetische Rede, Unterscheidung der Geister, Zungen und die Auslegung der Zungen.

Das meiste von dem, was wir von nun an tun sollen, ist ganz anders als das, was wir bisher getan haben. Die Bibel sagt zum Beispiel, daß Königskinder für alles Dank sagen sollen (Epheser 5, 20). Ehe wir Jesus begegneten, sind wir vielleicht dankbar gewesen für die Dinge, die uns gefielen. Aber wie war es mit all dem, das uns nicht gefiel? Niemand haben wir dafür gedankt. Wir haben vielmehr gemurrt, geschimpft oder gestöhnt. Wenn es ganz schlimm wurde, haben wir überall Mitleid gesucht und uns selbst bemitleidet.

Wie ist es mit dem Beten für solche, die Ihnen Unrecht tun und Sie verfolgen? Dies ist ebenfalls eine Anweisung im Handbuch des Schöpfers (Matthäus 5, 44). Ehe Sie ein Königskind wurden, wäre es Ihnen wahrscheinlich nicht einmal im Traum eingefallen, für Ihre Verfolger zu beten, sondern Sie hätten wohl den anderen das Unrecht eher kräftig heimgezahlt. Und wenn es Ihnen gelungen wäre, hätten Sie ein Gefühl der Befriedigung darüber empfunden.

Den Kranken werden sie die Hände auflegen! (Markus 16, 18). Na, das fehlte gerade noch. Ehe Sie zu Jesus kamen, haben Sie vielleicht versucht, Kranken so weit wie möglich aus dem Wege zu gehen. Man könnte ja angesteckt werden.

Das Leben eines Königskinds ist anders, und deshalb sind auch die Anweisungen Gottes für Seine Kinder anders. In den folgenden Kapiteln werde ich noch zeigen, wie sich einige dieser scheinbar so seltsamen Regeln Gottes im Leben auswirken. Vielleicht werden Sie dadurch ermutigt, Glaubensschritte zu tun und diesen Weg des Abenteuers mit Jesus zu betreten. Doch zuerst brauchen Sie die Kraftausrüstung dazu. Ohne diese können Sie nicht Sieger werden.

Haben Sie die Fülle des Heiligen Geistes für Ihr eigenes Leben empfangen? Als der Apostel Paulus sah, daß im Leben der Jünger in Ephesus etwas fehlte, fragte er sie ungefähr so ähnlich (Apostelgeschichte 19, 2). Sie waren ehrlich und gaben zu, daß sie vom Heiligen Geist noch nichts gehört hatten. Paulus belehrte sie, legte ihnen die Hände auf, und sie empfingen sofort den Heiligen Geist. Auch Sie können den Heiligen Geist sofort empfangen.

Wenn es möglich ist, dann können Sie einen geisterfüllten Christen bitten, Ihnen die Hände aufzulegen und mit Ihnen zu beten; wenn Sie aber keinen solchen Gläubigen kennen, können Sie auch allein beten. Jesus, der Täufer in den Heiligen Geist, wartet darauf, Sie mit Seinem Geist zu erfüllen, damit Sie für Ihn ein brauchbares Werkzeug werden. „Bittet, so wird euch gegeben“, sagt Er. Und genau so einfach ist es.

Danke, Herr Jesus, daß Du alles bereitgestellt hast, was ich brauche, um als Königskind zu leben. Ich danke Dir, daß all Dein Tun so vollkommen ist. Herr Jesus, taufe mich mit dem Heiligen Geist. Ich brauche diese Kraft und möchte für Dich ein Zeuge sein, wo immer ich bin.

Ich bitte Dich auch, Herr, schenke mir die ganze geistliche

Ausrüstung. Gib mir all die Gaben des Heiligen Geistes, die ich brauche, um Deinen Willen auf Erden so zu tun, wie er auch im Himmel getan wird. Ich weiß, daß dies Dein Wille für mich ist und danke Dir deshalb jetzt dafür.

Ich preise Deinen wunderbaren Namen, weil Du so gut mit den Menschen bist. Du hast mir Deinen Geist gegeben, Deine Kraft, Deine Gegenwart. Danke für den Auftrag vorwärts zu gehen, die Kranken zu heilen, die Teufel auszutreiben und mich in der Kraft des Heiligen Geistes als Dein Kind zu bewähren. Danke, daß Du durch mich tun willst, was Du Dir vorgenommen hast und wozu ich mich zur Verfügung stelle. Danke, daß die Kranken gesund, die Tauben hören und die Ungläubigen zum Glauben kommen werden und Dich preisen. Laß es so sein, Herr. Amen!

4

Sieger über den eigenen Mund

Es sei aber jeder Mensch ... langsam zum Reden (Jakobus 1, 19).

Fühlen Sie sich wie ein Königskind, nachdem Sie mit dem Heiligen Geist erfüllt sind? Manche fühlen sich dann so, manche nicht. Manche Menschen bekommen bei jeder Kleinigkeit eine Gänsehaut, andere sind langsam mit ihren Gefühlen. Doch Königskinder leben nicht aus ihren Gefühlen. Sie halten sich an das Wort Gottes. Gott sagt, daß Er den Heiligen Geist denen gibt, die Ihn bitten. Haben Sie Ihr Teil getan: bitten, können Sie sich darauf verlassen, daß Gott Sein Teil tut: geben.

Für die meisten Menschen ist es ganz natürlich, daß sie, nachdem sie mit dem Heiligen Geist getauft wurden, dies allen erzählen – und zuerst ihrem Pastor. Und zwar ungefähr so: „Herr Pastor, Sie wissen wirklich nicht, was es heißt, Jesus richtig zu kennen", sagen sie dann am ersten Sonntag nach ihrer Geistestaufe. „Solange Sie nicht erleben, was ich erlebt habe, haben Sie eigentlich gar nichts. Ich will es Ihnen erklären, damit Sie es genauso erleben und begreifen wie ich."

Seltsam! Der Pastor schaut nicht gerade interessiert aus, sondern eher etwas erschrocken. Er würde die Flucht ergriffen haben, wenn Sie ihn nicht so in der Ecke hätten, daß er gar nicht davon kann. Jemand anders, der etwas von ihm will, rettet ihn dann aus der Verlegenheit. Das nächste Mal scheint es ihm in Ihrer Gegenwart ungemütlich zu sein. Und sehr bald müssen auch Sie merken, daß er Ihnen aus dem Wege geht. Bald werden Sie dann erfahren, daß Sie nicht länger Sonntagsschullehrer sein können oder andere Aufgaben in der Gemeinde erfüllen dürfen. Vielleicht müssen Sie die Gemeinde sogar verlassen.

Jemand hat gesagt, daß man Christen, die erst neu mit dem Heiligen Geist getauft sind, für etwa sechs Monate einschließen sollte, bis sie ein wenig abkühlen. So ganz falsch ist dies in manchen Fällen nicht. Bei anderen würden noch nicht einmal sechs Monate ausreichen. Menschen, die gerade erst die Geistestaufe erlebt haben, sind manchmal der Meinung, daß sie alle Probleme der Welt mit einem Streich beseitigen können. Sie benehmen sich manchmal, als ob das, was sie empfangen haben, das Ergebnis ihrer eigenen Bemühungen und Verdienste sei und nicht ein Wunder, für das allein Gott der Ruhm zusteht.

Da ist es viel besser, den Mund zuerst noch geschlossen zu halten. Geben Sie keine Antworten, ehe die Leute nicht anfangen Fragen zu stellen. Verdienen Sie sich erst das Recht, gehört zu werden. Die anderen werden anfangen zu fragen, wenn sie das neue Leben in Ihnen sehen.

Jemand wird vielleicht zu Ihnen kommen und sagen: „Georg, entschuldige, wenn ich einmal diese Frage stelle. Du hast früher meist einen etwas mürrischen Eindruck gemacht, aber jetzt siehst du immer so glücklich aus. Was ist geschehen? Hast du etwa im Lotto gewonnen oder so ähnlich?“ Versuchen Sie, noch froher auszusehen. Vielleicht können Sie ihm klar machen, daß Sie ebenfalls nur zwei Mark in der Brieftasche haben. Aber vielleicht sagen Sie trotzdem noch nichts, sondern warten, bis er richtig begierig wird und sagt: „Georg, alter Freund, erzähl‘ doch, was dich so verändert hat.“

Nun werden Sie aufmerksame Zuhörer haben. Aber nicht, weil Sie den anderen in eine Ecke gedrängt haben, aus der er nicht entfliehen kann, sondern weil er interessiert ist. Er wird nicht nur höflich zuhören, sondern jedes Wort, jede Silbe, die Sie sagen, eifrig aufnehmen. Vielleicht ist er noch nicht so weit, die Gnade und Fülle Gottes selbst in Empfang zu nehmen. Dann brauchen Sie aber auch nicht mit Gewalt zu versuchen, ihn da hinein zu drängen. Das ist nicht Ihre Aufgabe. Dafür sorgt der Heilige Geist selbst, wenn wir Ihm nicht im Wege stehen.

Ihre Aufgabe ist es, sich weiter vom Heiligen Geist gebrauchen zu lassen und fernerhin ein Zeugnis mit Ihrem Leben zu sein. Ihr Freund wird Sie sorgfältig beobachten, ob dieses neue Leben nun auch anhält oder bei der ersten Schwierigkeit abblättert und Ihr altes Wesen wieder zum Vorschein kommt. Sie werden mehr beobachtet, als je zuvor und können Gott Ehre oder Unehre machen.

„Folgt also dem Vorbild Gottes nach als geliebte Kinder" (Epheser 5, 1), sagt die Bibel zu Königskindern, „und wandelt in der Liebe, wie auch Christus euch geliebt und sich selbst für uns als Weihegabe und Opfer dargebracht hat, Gott zu einem lieblichen Wohlgeruch" (Epheser 5, 2). Das ist etwas anderes als unser Versuch, Jesus zu kopieren. *Wir selbst* können nicht wie Er sein, deshalb müssen wir Ihn bitten, *in uns* und *durch uns* zu leben.

Eine andere Bibelstelle sagt: „Wir besitzen aber diesen Schatz in irdenen Gefäßen" (2. Korinther 4, 7). Die Menschen werden sich vielleicht nicht so sehr für das Gefäß interessieren. Was sie neugierig macht, ist vielmehr die Quelle der Freude in uns, die durch uns nach außen dringt. „Früher seid ihr zwar Finsternis gewesen, jetzt aber seid ihr Licht im Herrn", sagt Paulus in Epheser 5, 8. Das Licht, das die Menschen in unserem neuen Leben sehen, ist das Licht Jesu in uns.

Licht repräsentiert eine Energieart, die von der Dunkelheit nicht durchdrungen werden kann. Dunkelheit ist eigentlich die Abwesenheit dieser Energie. Ein physikalisches Grundgesetz besagt, daß ganz starke Energie einer bestimmten Form nicht von schwächerer Energie einer niedrigeren Form durchdrungen werden kann. Auf geistlichem Gebiet verhält sich das genauso. Wenn wir in der Gnade des Lobens und Dankens zu Gott leben – und dies ist eigentlich die einzige rechte Weise, in der ein Königskind leben kann –, wird Klagen und Murren und Ärger nicht hindurchdringen können. Das Licht, welches Jesus selbst ist, hält alle Finsternis draußen.

„Führt euren Wandel als Kinder des Lichts" (Epheser 5, 8), sagt Paulus. Er meinte damit nicht, daß wir nie mehr Fehler machen würden. Gott macht uns nicht über Nacht fehlerlos. Wenn Sie also einmal straucheln, zweifeln Sie nicht gleich an Ihrer Königskindschaft. Bekennen Sie Gott, daß es Ihnen leid tut. Lassen Sie sich von Ihm ermahnen, zurechtbringen und wieder in die richtige Richtung führen. Johannes schreibt: „Wenn wir behaupten, keine Sünde zu haben, so betrügen wir uns selbst, und die Wahrheit ist nicht in uns . . . Wenn wir aber im Licht wandeln, wie Er im Licht ist, so haben wir Gemeinschaft miteinander, und das Blut Seines Sohnes Jesus macht uns von aller Sünde rein", (1. Johannes 1, 8. 7). Gott will damit sagen, daß die Last der Sünde, die uns drückte, nunmehr Seine Sache ist, wenn wir unser Leben in Seine Hand legen.

All diese Segnungen sind nur ein Teil der Fülle, die einem Königskind aus Gnaden zusteht. Wenn Sie nun klug genug sind und Ihren Mund halten, bis Sie wirklich gefragt werden und ein echtes Zeugnis für Jesus sein können, dann kann der Heilige Geist in solch einer Weise durch Sie reden, daß Ihre Freunde und Nachbarn – sogar Ihr Pastor – durch Sie von Gott reich gesegnet werden können. Dann können Sie Gemeinschaft mit den anderen haben wie nie zuvor, denn Sie sind ein Teil der frohen Familie der Königskinder. Es lohnt sich, still zu sein, bis die anderen zubereitet sind, auf das zu hören, was Sie ihnen zu sagen haben. Wenn dieses neue Leben deutlich genug durch Sie hindurchscheinen kann, werden Sie fruchtbare Gelegenheiten und offene Ohren und Herzen genug finden, von dem Segen zu reden, den Gott schenkt. Zeigen Sie erst Jesus durch

Ihr Leben und reden Sie dann von Ihm. Machen Sie es nicht umgekehrt.

Herr Jesus, vergib mir, daß ich im Blick auf das neue Leben von Dir so ein leeres Plappermaul gewesen bin. Ich habe Menschen abgestoßen, die Du anziehen wolltest, wenn ich Deine Zeit abgewartet hätte. Gib mir Weisheit, zu erkennen, wann ich reden und wann ich schweigen muß. Laß mich langsam sein zum Reden, bis die rechte Zeit gekommen ist. Und dann, Herr, mache bitte jedes Wort, das ich sage, fruchtbar für Dein Reich. Ich bitte dies im Namen Jesu. Danke, Herr. Amen.

5

Sieger über gebrochene Knochen

Wir wissen aber, daß denen, die Gott lieben, alle Dinge zum Guten mitwirken, nämlich denen, welche nach Seinem Vorsatz berufen sind (Römer 8, 28).

Viele Menschen glauben, daß Gott die *meisten* Dinge zum Guten mitwirken läßt für die, die Ihn lieben. Doch das ist nicht, was die Bibel sagt. Dort heißt es vielmehr, daß Er *alle* Dinge für Königskinder zum Guten mitwirken läßt. Alle Dinge heißt auch sauer gewordene Milch, eine Reifenpanne, Erdbeben, Schmerzen im Genick und ein gebrochenes Bein. Ich habe diese Wahrheit für mich selbst vor einigen Jahren durch ein gebrochenes Bein erlebt.

Gott ermahnte mich, mein erstes Buch, an dem ich damals arbeitete, „Leben wie ein Königskind“, fertig zu schreiben. Anstatt zu gehorchen, fand ich eine ganze Reihe unheiliger Ausreden. Meine beste lautete: „Aber Herr, ich bin so beschäftigt. Ich habe wirklich keine Zeit.“ Dies war tatsächlich wahr. Innerhalb weniger Monate sollte ich während mehrerer Freizeiten, in vielen Konferenzen und anderen Versammlungen überall in USA sprechen.

„Herr", sagte ich, „mein Terminkalender ist für 1974 total voll und für 1975 auch schon fast. Vielleicht ein Jahr später ..."

„Hill – !!!"

„Herr, wenn Du selbst mir mehr Zeit beschaffen könntest", sagte ich endlich, „wäre es mir eine Freude, das Buch zu beenden." Ich betete, als könnte ich erwarten, der Herr würde für mich Tage mit dreißig Stunden einrichten oder so etwas ähnliches. Doch Er löste das Problem auf andere Weise. Ehrlich: Gott tut die meisten Dinge auf andere Weise, als ich glaube, daß sie getan werden sollten.

„Ich bin froh, daß du darauf hinweist, Hill!" schien Er zu sagen. „Ich kann dir soviel Zeit besorgen, wie du brauchst." Und genau das tat Er.

Am nächsten Tag rutschte ich auf ein klein wenig Schnee vor der Kellertreppe aus. Mir war, als würde ich hochgeschleudert. Mein rechter Fuß schlug hart gegen die Wand, als ich die Kellertreppe hinunterrutschte. Die Mauer stand nach dem Zusammenprall immer noch, aber mein Fuß hing kraftlos da. In meinem Knöchel war der Knochen total zersplittert. Sonst aber kam mir der Fall so sanft vor, als fiele ich auf einen Federhaufen. Wäre ich hart unten aufgeschlagen, hätte ich bestimmt mehr gebrochen als einen Knöchel. Aber Gott ließ mich sanft fallen. Er wußte genau, wieviel Zeit ich brauchte, um das Buch zu beenden. In dem schönen weißen Gipsverband konnte ich nicht von Konferenz zu Konferenz durch die USA reisen. Aber am Schreiben hinderte mich der gebrochene Knöchel nicht.

Ich mußte überall hin telefonieren und alle möglichen Vereinbarungen absagen, wo ich Gott vielleicht nur im Wege gestanden hätte. Zu meiner großen Überraschung schenkte der Herr auf all diesen Konferenzen auch ohne meine Hilfe überströmende Segnungen. Ich hätte bestimmt keinen gebrochenen Knöchel bestellt. Aber Er sorgte trotzdem dafür, und es kam erstaunlicherweise viel Gutes dabei heraus.

Erstens wurde das Buch fertig. Und es wurde ein Bestseller. Immer noch erhalte ich Briefe aus der ganzen Welt von Menschen, die „Leben wie ein Königskind" gelesen haben und gesegnet wurden. Viele Leser fanden dadurch Jesus und übergaben Ihm ihr Leben. Andere wurden mit dem Heiligen Geist getauft oder von Krankheiten geheilt. Andere sagten, es habe ihnen geholfen von Alkohol oder Nikotin frei zu werden. Menschen bekamen das Buch in die Hand, die nie freiwillig in einen Gottesdienst gegangen wären, wo man das volle Evangelium predigte; und Gott redete durch das Buch zu ihnen und brachte sie zum neuen Leben in Christus.

Kann Gott einen gebrochenen Knöchel zum Guten mitwirken lassen? Und wie! Doch die Möglichkeit, das Buch zu beenden, war nicht das einzige Gute, das daraus entstand.

Als ich vor der Kellertreppe so stürzte, waren gerade drei Bekannte bei uns, die geschäftliche Angelegenheiten mit mir besprechen wollten. Sie wurden ganz bleich, als sie meinen Fuß so seltsam verdreht liegen sahen. Auch mein Gesicht war natürlich blaß geworden, und es wurde mir nicht leicht, trotz der großen Schmerzen, die ich empfand, Gott dennoch zu preisen. Meine „Preis dem Herrn" kamen deshalb zwischen den Schmerzwellen auch nur recht holprig über meine Lippen; ich hoffte aber, daß der Herr dieses „Preisopfer" trotzdem irgendwie würde gebrauchen können. Er konnte!

Ich fuhr also fort zu preisen, obwohl ich zwischendurch auch vor Schmerzen stöhnte. Meine Geschäftsfreunde dachten vielleicht, daß der Sturz auch meinem Kopf geschadet hatte, als sie mich Gott preisen hörten, anstatt den Schnee zu verfluchen, auf dem ich ausgeglitten war. Jedenfalls war dadurch ihre Aufmerksamkeit groß, als Pastor Peter Vroom, der auch gerade zu Besuch bei uns war, jetzt etwas unternahm. Er kniete neben mir nieder, legte seine Hände auf den gebrochenen Knöchel und betete. Was er betete, kann ich nicht sagen, auch er selbst nicht, denn wir verstanden beide die Worte nicht, die von seinen Lippen kamen. Er gebrauchte eine der Gaben des Heiligen Geistes – die Gabe des Zungenredens. Menschen können ein Gebet in Zungen nicht verstehen, der Teufel kann es nicht stören und nervöse Zuhörer können nicht versuchen, dieses Gebet irgendwie zu beeinflussen.

Was immer Pastor Vroom betete, es half. Die Schmerzen vergingen augenblicklich. Wenn mein Fuß im gleichen Augenblick wieder die normale Lage angenommen hätte und mein Knöchel heil gewesen wäre, hätte mich das nicht überrascht. Doch Gott hatte andere Absichten. Mein Fuß hing immer noch verdreht da, als der Krankenwagen kam und mich wegbrachte.

Das Gebet, das Pastor Vroom betete, war etwas ganz anderes, als die alten Gebete des Unglaubens, mit denen wir für die Kranken beteten, ehe wir Jesus als den Täufer im Heiligen Geist kennenlernten. Die waren immer ungefähr so: „Herr, tue etwas, wenn es Dein Wille ist." Anschließend riefen wir fürsorglich den Beerdigungsunternehmer an und brachten unseren schwarzen Anzug zur Reinigung, für den Fall, daß eine Beerdigung fällig wurde. Doch durch die Fülle des Heiligen Geistes haben wir nun gelernt, auf neue Weise zu beten.

Warum heilte Gott meinen Knöchel nicht sofort, als Pastor Vroom betete? Ich weiß nicht. Aber Er nahm alle Schmerzen sofort hinweg, und das war, worunter ich augenblicklich litt. Die Heilung meines Fußes dauerte dann ein wenig länger.

JEDE ERFAHRUNG, DIE EIN KÖNIGSKIND MACHT,
DIENT EINEM ZWECK
IN DER SCHULE UNSERES MEISTERS.

Als Königskind habe ich gelernt, Gott nie zu fragen: warum? Ich ziehe Seine Absichten nie in Zweifel, weil ich weiß, daß alles, was Er in meinem Leben zuläßt, in Seiner Liebe zu mir eingewurzelt ist. Außerdem könnte ich doch nie in allen Dingen verstehen, was und warum Er es tut. Manchmal würde ich nicht einmal glauben, daß es notwendig war. Ich habe einfach Ihm zu vertrauen und Ihn zu preisen. Wenn ich erst zu fragen beginne, bringt Satan immer neue Fragen herbei, und es wird damit enden, daß mein Leben wieder von meinem eigenen törichten Verstand* regiert wird, wie in der bösen alten Zeit, ehe ich Jesus begegnete. Und wenn dies geschehen sollte, werde ich im Leben wieder mit dem Zweitbesten zufrieden sein müssen. Da ist es viel besser, Gott zu preisen und anzuerkennen, daß Seine uns oft unbegreifliche Weisheit meinem kleinen Gehirn weit überlegen ist. Er kennt die Zusammenhänge der Dinge besser als ich.

Ich habe gelernt, mich der Königskinderschule Gottes zu unterordnen und frage deshalb nicht mehr warum, sondern sage: „Herr, Du hast es zugelassen, also wird es besser sein als alles, was ich mir gedacht habe." Wenn ich Ihn so preise und Seinen Willen akzeptiere, stelle ich fest, daß auch für mich in jeder Lage ein Segen verborgen liegt, ganz gleich wie menschlich unerwünscht sie auch erscheinen mag. Ich würde zum Beispiel nie einen gebrochenen Knöchel als Hilfsmittel gewählt haben, um mein Buch zu beenden. Ich hätte es einfach nicht beendet. Gott weiß, wie ich Dinge, die Er mir aufträgt, manchmal verzögern oder übergehen kann, in der Hoffnung, daß Er sie vergißt. Aber Er vergißt nicht, was Er uns aufträgt, sondern erkennt unsere Aufrichtigkeit, wenn wir sagen: „Herr, nimm mein ganzes Leben und bestimme Du es." Und Er erinnert uns dann immer wieder an unsere Versprechungen.

Einer der Geschäftsleute, die an jenem Abend in meinem Haus waren, besuchte mich am nächsten Tag im Krankenhaus.

---

* *Der Verfasser gebraucht hier im Englischen einen sehr drastischen Ausdruck, nämlich „Educated Idiot Box", was wörtlich übersetzt heißen müßte: „Gebildeter Idiotenkasten"; gemeint ist damit das menschliche Gehirn, der Sitz des Intellekts. Obwohl der Verfasser selbst ein hochgebildeter Mann ist und Ingenieurswissenschaften studiert hat, will er damit zum Ausdruck bringen, daß seine eigene Erfahrung ihm sagt, daß der menschliche Verstand ohne Jesus den Menschen letztlich immer wieder zu Torheiten verleitet.*

Er hatte nachgedacht. „Ich bin mein Leben lang in Kirchen und anderen religiösen Organisationen gewesen“, sagte er. „Aber ich sah nie Schmerzen so augenblicklich verschwinden wie die Ihren, als jener Pastor die Hände auf Ihr Bein legte und jenes komisch klingende Gebet betete. Ich verstehe das nicht.“

„Preis Gott!“ rief ich, „ich verstehe es eigentlich auch nicht.“ Zum Glück erschreckte ihn meine Überschwänglichkeit nicht.

„Nun ...“ fuhr er fort, „ich möchte mehr über diesen Gott wissen ...“

Nachdem ich aus dem Krankenhaus zurück war, besuchte er mich wieder, und ich erzählte ihm von Jesus. Weil wir Gottes Zusage haben, daß Sein Wort nicht leer zurückkommt, sondern etwas ausrichtet (Jesaja 55, 11), weiß ich, daß Gott in dem Leben dieses Mannes arbeitet. Ein gebrochener Knöchel hat die Tür dazu geöffnet.

Kurze Zeit später durfte ich durch Gottes Gnade noch etwas anderes Gutes erleben, das durch meinen gebrochenen Knöchel kam. Da ich nicht in der Weltgeschichte herumreiste, war ich in der Lage, einen Beratungsauftrag zu übernehmen, der mit einer Störung in einer Fabrik eines der größten Stahlwerke der Welt zusammenhing. Ein neu gebautes Walzwerk in Südamerika konnte nicht in Betrieb genommen werden, weil die Ausrüstung, die notwendig war, um eines der entscheidenden Teile zu betreiben, nicht verfügbar war und frühestens in einem Jahr geliefert werden konnte. Einer der an dem Projekt arbeitenden Ingenieure kam extra von Pittsburgh in mein Büro nach Baltimore, um mit mir zu besprechen, ob wir etwas improvisieren könnten, um den Engpaß zu überbrücken.

„Ich gebrauche bei meiner Arbeit auch Methoden, die Ihnen im Vergleich zu Ihrer sonstigen Arbeitsweise vielleicht ein wenig seltsam vorkommen werden“, sagte ich zu dem Ingenieur, nachdem er mir das Problem erklärt hatte. „Ich bete.“

„Was tun Sie?“ fragte er mit erstaunter Stimme und hochgezogenen Augenbrauen.

„Ich bete“, wiederholte ich. „Denn das ist der einzige Weg, in jeder Lage die beste Lösungsmöglichkeit zu finden. Möchten

Sie die bestmögliche Lösung des Problems, oder sind Sie eher mit dem Flickwerk des ausgebildeten Fachmanns zufrieden?"

„Ja", sagte er und kratzte sich hinter den Ohren, „die Sache ist dringend, und Sie sind uns dafür besonders warm empfohlen worden. Wenn Beten uns zu der Antwort verhilft, die wir brauchen ..."

„Also sind Sie einverstanden, wenn wir dafür beten?" Ich wollte sicher sein, daß er nichts dagegen hatte. Sie konnten ja auch jemand anders den Auftrag geben. Wir waren nicht die einzige Beraterfirma in der Branche.

„Einverstanden", entschied er. „Nur sagen Sie nicht ‚wir'. *Sie* mögen beten, aber lassen Sie mich heraus. Ich höre zu." Er schaute sich nervös um, um sicher zu sein, daß niemand zusah. Dann senkte er den Kopf.

„Jesus", betete ich, „wir brauchen Deine Hilfe, um das Problem zu lösen. Danke, daß Du in der Lage bist, alles zu tun, was wir erbitten – und Du kannst sogar noch viel mehr tun. Danke, daß Du alles gemacht hast, was existiert und auch weißt, wie alles arbeiten sollte." Dann betete ich ruhig in anderen Zungen. Ich wollte den Ingenieur nicht erschrecken, aber ich suchte die Verbindung zum Himmel, um übernatürliche Information zu erhalten, ohne Gefahr zu laufen, daß Satan diese irgendwie stören könnte.

Während ich betete, stand plötzlich durch die Geistesgabe des Wortes der Erkenntnis ein Bild vor mir, so daß ich sah und auch lesen konnte, was ich von vorhandenen Ausrüstungen gebrauchen konnte und wie ich es anbauen mußte, um das Problem zu lösen. Das Bild stand so klar vor mir, daß ich es für den Ingenieur direkt auf Papier zeichnen konnte.

Während er die Zeichnung betrachtete, meinte er: „Erstaunlich. Das sieht so aus, als könnte es damit gehen. Warum ist niemand von uns auf den Gedanken gekommen?"

Ich konnte nicht widerstehen zu fragen: „Haben Sie einmal darum gebetet?"

„Wie? Natürlich nicht ..." Er schien sich irgendwie nicht wohl zu fühlen, deshalb sagte ich im Augenblick nichts mehr darüber. Ich machte ihm ein Angebot und nannte ihm einen Preis für unsere Arbeit, die wir haben würden.

Unsere Gesellschaft bekam den Auftrag, das Ding anzufertigen. In den Vertrag wurde auf meinen Wunsch hin eine Klausel aufgenommen, daß nichts zu bezahlen war, wenn die Sache nicht so arbeitete, wie vorgesehen. So eine Klausel ist im Beratergeschäft sonst nicht üblich, doch Königskinder bekommen ihre Anweisungen von Gott und können darauf bauen, daß Er sie nicht enttäuscht.

Innerhalb von drei bis vier Wochen konnte das Walzwerk arbeiten. Der Ingenieur kam nochmals zu mir nach Baltimore und hatte einige Fragen auf dem Herzen; wie man verstehen kann.

„Die Sache arbeitet perfekt", sagte er. „Einfach perfekt. Ich bekam einen Anruf aus Südamerika. Die Anlage arbeitet ohne die geringste Störung. Die fahren das Walzwerk jetzt auf volle Produktion hoch. Ich möchte Ihnen für Ihre Hilfe danken. Würde es Ihnen etwas ausmachen, mir nochmals zu erklären, wie Sie wußten, was zu tun war?"

„Mit Vergnügen", antwortete ich und hatte dabei große Mühe, ein lautes Halleluja zu unterdrücken. „Sie erinnern sich noch: wir beteten."

„Das stimmt. Das heißt: Sie beteten. Aber das kann doch nicht alles gewesen sein, was nötig war. Einfach ein Gebet?"

„Das war alles", sagte ich. Ich gab ihm laut kurze Antworten, aber im Inneren betete ich mit aller Inbrunst für ihn, damit der Heilige Geist ihn überführen sollte. Er hatte keine andere Wahl und mußte mir glauben. Ich konnte sehen, wie der Gedanke ihn packte. Er schlug immer wieder mit seiner rechten Faust in seine linke offene Hand, und auf seiner Stirn bildeten sich Falten, als sei er dabei, einen Entschluß zu fassen.

„Ja, wenn das Gebet so etwas bewerkstelligen kann ...", murmelte er erstaunt.

„Um genau zu sein, das Gebet hat es nicht getan", erklärte ich, „Jesus, das ist Gottes anderer Name, tat die Arbeit durch den Heiligen Geist."

Er nickte mit dem Kopf, als habe er alles verstanden oder sei bereit, das zu glauben, was er nicht verstehen konnte. Ich hätte ihn danach nicht zu fragen brauchen. Die Antwort stand in seinem Gesicht geschrieben.

„Möchten Sie diesen Gott nicht auch kennenlernen?"

„Und ob ich will", brach es aus ihm heraus. Augenblicklich senkte er den Kopf und begann zu beten. „Herr Jesus", begann er. Ich brauchte ihm noch nicht einmal zu raten, wie er weiter beten sollte. Der Heilige Geist machte es ihm klar. Er bat Gott um Vergebung für all die Jahre des Unglaubens und bat Jesus, sein Leben in die Hand zu nehmen. Der Ingenieur wurde dort in meinem Büro ein völlig neuer Mensch. Es ist mir nicht möglich, auch nur in etwa zu sagen, wie viele Menschen durch das Zeugnis dieses Mannes bisher zu Gott gefunden haben. Hätte ich nicht meinen Knöchel gebrochen, wäre es vielleicht nie geschehen.

Heute weiß ich durch viele Erfahrungen, daß Gott für Königskinder alle Dinge zum Guten mitwirken läßt, solange sie Ihn preisen. Wäre ich wieder zu meinen Gefühlen zurückgekehrt, anstatt mich auf die Wahrheit Seines Wortes zu verlassen, hätte ich wohl große Enttäuschungen erlebt. Ich hätte angefangen, mich zu bedauern und hätte auf diese Weise wohl auch das Mitleid meiner Freunde und Nachbarn für einige Zeit erregt; aber das hätte auch nicht für immer angehalten. Am Ende wäre ich ihnen vielleicht auf die Nerven gefallen, hätte mich unter Umständen wieder meinem alten Leben zugewandt und müßte all meinen vermeintlichen Kummer allein tragen.

Wenn Königskinder aufhören Gott zu preisen, dann benehmen sie sich wie Heiden, machen den Eindruck von Heiden und riechen wie Heiden. Heiden riechen irgendwie nach Tod, aber Königskinder verbreiten den frohen Geruch des Lebens, und ihr Lobpreis steigt auf zum Throne Gottes wie ein Gnadenparfüm. Das Geheimnis des Siegeslebens der Königskinder ist, daß wir die Atmosphäre des Himmels mit uns herumtragen. Gott wohnt unter dem Lobpreis Seines Volkes. Näher als durch Lobpreis können wir zu Gott nicht kommen.

Haben Sie geklagt über gebrochene Knochen, sauer gewordene Milch, Reifenpannen, auseinandergegangene Freundschaften oder Verkehrsstaus? Ist Ihnen einmal der Gedanke gekommen, daß Gott diese Dinge in Ihrem Leben zugelassen hat, um Gutes dadurch zu bewirken, wenn Sie Ihm vertrauen und Ihn auch darin preisen? Sind Sie bereit, Ihr Selbstmitleid und Ihre Klagen aufzugeben und statt dessen Gott zu preisen? Dann können Sie erleben, wie Gott auch für Sie alle Dinge zum Guten mitwirken läßt.

Herr Jesus, habe Dank, daß Du mich gemacht hast und alles über mich weißt. Ich danke Dir jetzt auch für die Dinge in meinem Leben, die mir nicht gefallen haben. Hilf mir, Deinem Wort zu vertrauen, daß Du alle Dinge für mich zum Guten mitwirken lassen willst, weil ich Dich liebe. Hilf mir, Dir zu vertrauen statt meinem Verstand. Danke Herr, daß Du für alles die richtige Antwort kennst.

Danke Herr, daß Du Deine Liebe in mein Herz gegeben hast. Vergib mir all mein Klagen, und vergib mir auch, wenn ich Dir noch nicht alles ganz ausgeliefert hatte. Segne mich, damit ich mehr als bisher für Dich leben kann. Amen.

6

Sieger über Heroinsucht und einen strengen Richter

Alles was Odem hat, lobe den Herrn (Psalm 150, 6)!

Ralph James war der Führer einer Rauschgiftbande, die in unserer Gegend ihr Unwesen trieb. Die Polizei verfolgt Leute, die anderen Rauschgift verkaufen, besonders scharf, deshalb stellten sie Ralph eine Falle. Auf einem Parkplatz, wo sich jeden Abend viele junge Leute versammelten, ließen sich auch zwei neue Burschen sehen. Sie waren ganz offensichtlich Hippies. Jedenfalls kam niemand auf den Gedanken, daß es sich hier um zwei verkleidete Kriminalbeamte handeln könnte. Als sie zu Ralph James kamen und fragten, ob er ihnen Rauschgift besorgen könne, verkaufte er ihnen welches. Es wurde sein letzter Heroinverkauf. Als er ihr Geld eingesteckt hatte, legten sie ihm Handschellen an.

Wenn man wegen Heroinhandel verhaftet wird, ist man in seiner Bewegungsfreiheit sehr eingeschränkt, und zwar auch dann noch, wenn man bis zur Gerichtsverhandlung wieder freigelassen wird. Beim Hafttermin wurde Ralph gesagt, daß seine Verhandlung in einigen Monaten sein werde. In der Zwischenzeit, so sagte ihm der Richter, sollte er der Polizei nicht wieder auffallen, sie würden ihn schon rufen, wenn sie ihn brauchten. „Halten Sie sich immer da auf, wo wir Sie finden können, wenn es nötig ist."

Es war für Ralph eine große Versuchung, sich aus dem Staube zu machen. Er war sicher, daß man ihm seine Schuld nachweisen konnte, und dies würde zu mindestens fünf Jahren Gefängnisaufenthalt führen. Der Richter war für Urteile in dieser Höhe bekannt. Er stand in dem Ruf, sehr streng zu sein.

Doch Ralph lief nicht davon. Statt dessen besuchte er in Baltimore einen Gebetskreis von Königskindern. Was er dort erlebte, packte ihn so, daß er sich Jesus auslieferte und mit dem Heiligen Geist erfüllt wurde. Er wurde ein völlig neuer Mensch und war erfüllt mit der Freude Jesu.

Seine Familie wußte nicht so recht, was sie mit dem neuen Ralph anfangen sollte. Sie wußten, wie sie ihn als Rauschgifthändler behandeln mußten, aber diese Jesussache war neu für sie. Sie waren ziemlich entrüstet über ihn und wünschten sich fast, er wäre zu seinen alten Rauschgiftgewohnheiten zurückgekehrt, um mit ihm „vernünftig" umgehen zu können. Die Fröhlichkeit eines Königskinds kann ziemlich verunsichern, wenn man diese Freude selbst nicht kennt.

Im Laufe der Zeit wurde Ralph ein regelmäßiger Besucher unserer Gebetsstunden und lernte bald, daß Gott möchte, daß wir Ihn für alle Dinge preisen, die uns begegnen. Also begann er diese Erkenntnis zu praktizieren. Er lobte Gott für die seltsame Situation, in der er war und dankte Ihm für die fast sichere Aussicht, für fünf Jahre ins Gefängnis zu wandern.

Als der Tag der Verhandlung herankam, bat Ralph seinen Pastor und mich, ihn zum Gericht zu begleiten und während der Verhandlung zu beten. Wir sagten, daß wir natürlich gern mitkommen würden. Dann meinte er: „Ich würde gern einen christlichen Anwalt haben, der mich vertritt." Wir beteten dafür, und der Herr führte uns zu einem geistgetauften Rechtsanwalt in Baltimore. Ich hatte bis dahin noch gar nicht gewußt, daß es solch einen Mann in unserer Stadt gab. Die Frau des Rechtsanwalts war auch mit dem Heiligen Geist getauft und sagte, sie würde ebenfalls mit zur Verhandlung kommen, um zu beten.

Am festgesetzten Tag betraten wir fünf Königskinder den Verhandlungssaal. Innerlich priesen wir den Herrn. Ralphs Mutter begleitete uns. Doch sie war noch kein Königskind. Sie lobte niemand für irgend etwas. Sie tat all die typischen Mutterdinge: sie wrang ihre Hände, atmete schwer und sorgte sich fast zu Tode.

Wir setzten uns und verfolgten die drei Fälle, die noch vor Ralphs Sache verhandelt wurden. Jeder der beteiligten jungen Leute war wegen verbotenen Rauschgifthandels verhaftet worden. Alle Angeklagten sagten, sie seien nicht schuldig, wurden aber alle überführt. Der Richter sprach Urteile über zehn Jahre, siebeneinhalb Jahre und zwölf Jahre. Wie schon erwähnt, war Richter Snow bekannt für harte Urteile über junge Rauschgifthändler. Doch an diesem Tage schien er noch strenger zu sein als sonst. Dann war Ralphs Fall an der Reihe.

„Was haben Sie zu sagen“, wurde Ralph vom Richter gefragt. Kein Funke Mitgefühl schwang in seiner Stimme mit.

„Schuldig, Euer Ehren.“

Der Richter war erstaunt. „Schuldig? Ist Ihnen klar, daß Sie damit Ihr gesetzliches Recht auf Urteilsfindung vor einer Jury aufgeben?“ sagte er und blickte hart über seine Brillenränder hinweg.

„Ja, Euer Ehren. Doch ich weiß, daß ich schuldig bin und bin bereit, das Urteil anzunehmen, das Sie für gerecht halten.“

Der Rechtsanwalt, seine Frau, Ralphs Pastor und ich saßen da und priesen leise den Herrn, um nicht die Verhandlung zu stören. Der Richter war von Ralphs Ehrlichkeit sichtlich erschüttert. Er nahm eine etwa sechs Zentimeter dicke Akte in die Hand und begann, die einzelnen Anklagepunkte vorzulesen. Zwischendurch stellte er Fragen. „Haben Sie Rauschgift an verkleidete Polizeibeamte verkauft?“

„Ja, Euer Ehren.“

„Hat jemand Ihnen gesagt, daß ich nachsichtig sein würde, wenn Sie sich der Gnade des Gerichts anvertrauen?“

„Nein, Euer Ehren."

„Das ist gut, denn dies wäre ein Irrtum gewesen. Ich bin mit Kriminellen nie nachsichtig. Sie werden bekommen, was Ihnen zusteht."

Es gab keinen Zweifel, daß er meinte, was er sagte. Unsere Gefühle rutschten bis unter unsere Fußsohlen, doch wir priesen weiter Gott. Ich konnte sehen, daß Ralph Ihn im stillen auch pries. Gott hat verheißen: *Wenn du Mich preisen wirst, werde ich Dinge verändern.* Wir sagten: „Herr, Du hast verheißen, unsere Übertretungen zu vergeben. Übertretungen hat es viele gegeben. Wenn Lobpreis Veränderungen schafft, werden wir es erleben, wenn nicht, werden wir es auch erleben."

Dann öffnete der Rechtsanwalt seine Aktentasche. Statt der üblichen Menge Papiere und Gesetzbücher legte er eine Bibel vor sich auf den Tisch.

Der Richter sah ihn an: „Was haben Sie für den Angeklagten zu sagen?" knurrte er.

„Nur dies, Euer Ehren", begann der geisterfüllte Anwalt. „Der junge Mann, der letzten November wegen Rauschgifthandels von Kriminalbeamten verhaftet wurde, ist nicht derselbe, der heute vor ihnen steht."

Der Richter legte die Hand hinter sein rechtes Ohr. „Würden Sie das noch einmal wiederholen, bitte. Wollen Sie sagen, wir haben den falschen Angeklagten hier?" Er bewegte den Kopf hin und her und beantwortete dann seine eigene Frage: „Nein, das kann nicht sein, der Angeklagte hat seine Schuld ja eingestanden."

Ralph begann zu reden, ehe der Richter noch mehr sagen konnte. „Was der Herr Rechtsanwalt meint, Euer Ehren, ist, daß ich in der Zwischenzeit Jesus Christus angenommen habe und durch Ihn zu einem völlig neuen Menschen gemacht wurde. All das Alte ist verschwunden."

Ralphs Anwalt erklärte weiter: „Euer Ehren, ich bin Anwalt, aber außerdem bin ich ein ordinierter Baptistenpastor. Was der Angeklagte sagt, ist wahr. Er wurde von neuem geboren, also ist er ein ganz neuer Mensch. Der junge Mann, der Drogen verkaufte, ist buchstäblich verschwunden.“ Der Rechtsanwalt öffnete die Bibel, reichte sie dem Richter und zeigte auf 2. Korinther 5, 17. „Sie können es selbst lesen, Euer Ehren; das Wort Gottes bestätigt, daß der alte Ralph James tot ist, denn er ist ein neuer Ralph James in Christus.“

Ich konnte sehen, daß der Richter jetzt überwunden war. Sogar er erkannte, daß er diesen Fall nicht auf die übliche Weise behandeln konnte. Die Sache ging über sein Begriffsvermögen hinaus. Also änderte er das Thema. Er schaute den Angeklagten an und fragte: „Haben Sie einen festen Arbeitsplatz?“ Die meisten jungen Leute, die in Schwierigkeiten gerieten, lebten von der Unterstützung ihrer Eltern oder vom Wohlfahrtsamt.

„Ja, Euer Ehren.“

„Welche Arbeit tun Sie?“

„Ich zerkleinere Beton mit dem Preßlufthammer.“

„Dieser Junge tut so harte körperliche Arbeit!“ Der Richter redete jetzt laut mit sich selbst, was ja oft ein Zeichen ist, daß Oberstübchenprobleme beginnen. Doch diese Sache setzte ihm sichtlich zu. „Wenn ich die Sache zur Bewährung aussetze ...“ Doch das schien ihm selbst undenkbar. Er hielt inne. Doch es war zu spät. Wir hatten schon gehört, was er dachte. Unser Lobpreis wurde noch stärker. Ich mußte mir viel Mühe geben, um nicht laut „Preis sei Jesus“ zu rufen.

„Sie müßten versprechen, nie mehr in die Nähe dieses Parkplatzes zu gehen“, sagte der Richter.

Wäre Ralph kein Königskind, dann hätte er jetzt wahrscheinlich mit dankbarem Augenaufschlag gesagt: „Ja, Euer Ehren“, und danach getrachtet, schnellstens fortzukommen. Doch Ralph *war* ein Königskind und lebte in dem Sieg Jesu. Er wußte, daß Gott Aufgaben für ihn hatte. Deshalb mußte der Richter noch etwas wissen, gleich, ob Ralphs Chancen dadurch besser wurden oder nicht.

„Euer Ehren“, sagte Ralph, „vor wenigen Abenden war ich auf dem Parkplatz und begegnete dort zwei Mädchen, die heroinsüchtig waren. Sie brauchten schon so viel Geld für ihre Sucht, daß sie beschlossen hatten, sich umzubringen. Eine von ihnen hatte ein Rasiermesser und wollte es gerade benutzen, als ich vorbei kam. Nun – ich will eine lange Geschichte kurz machen. Doch die beiden Mädchen unternahmen keinen Selbstmordversuch, sondern übergaben ihr Leben Jesus, und der Herr befreite sie von ihrer Sucht. Sie sind jetzt so ziemlich die glücklichsten Mädchen der Stadt."

FURCHT IST VERSAGENDER GLAUBE

Der Richter schluckte schwer, und als er wieder sprach, klang seine Stimme wie belegt. Er sagte nichts mehr vom Meiden des Parkplatzes, sondern: „Sie können noch ein sehr nützliches Mitglied der Gesellschaft werden." Alle Härte war aus seiner Stimme verschwunden. „Die Sache ist niedergeschlagen", entschied er.

Es gab keine Gefängnisstrafe und noch nicht einmal eine Bewährungsfrist. Das hatte es bei Richter Snow noch nie gegeben, auch Ralphs Mutter wußte das. Sie bekehrte sich noch im Gerichtssaal und umarmte jeden der Anwesenden – mit Ausnahme des Richters. Sie hätte vielleicht auch ihn umarmt, doch er war zu sehr damit beschäftigt, in ein großes weißes Taschentuch zu schnauben.

Ralph hat mittlerweile die Bibelschule beendet und predigt das Evangelium nun jungen Leuten, die ihr Leben genauso verderben, wie er es einst getan hat.

Durch Jesus können wir vor Gottes Richterstuhl mit Loben und Danken hintreten. Und das gleiche können wir tun, wenn wir vor irdischen Gerichten erscheinen müssen. Lobpreis verwandelte sichere Niederlage in Sieg. Lobpreis ist eine von Gottes Hauptanweisungen für Königskinder. Hunderte von Stellen im Handbuch des Schöpfers fordern uns auf, Gott zu preisen.

Königskinder können ohne Lobpreis gar nicht leben. Wenn Königskinder Gott preisen und vertrauen, daß Er alle Dinge in Seiner Hand hat, ändert Er die Situationen oft vor ihren Augen. Was wie ein großes Unheil aussieht, kann sich in einem Augenblick zu einem gewaltigen Sieg wandeln. In der Welt, unter Heiden, ist das Gegenteil üblich. Heiden können so wirkungsvoll murren und klagen, daß sie aus Siegen doch noch Niederlagen zu machen verstehen.

Sind Sie in Schwierigkeiten? Wenn Sie ein Königskind sind, will Jesus Ihr Anwalt und der Vater im Himmel Ihr Richter sein. Mit dieser Kombination kann es nur Sieg geben. Niemand ist in der Lage, diese Verbindung zu übertreffen. Wenn Sie sich wieder einmal in Schwierigkeiten gebracht haben, dann versuchen Sie nicht, dies zu verbergen. Gehen Sie zu Jesus, Ihrem Anwalt, und breiten Sie es vor Ihm aus. „Herr, ich habe versagt. Wie kannst Du mir helfen, aus dieser Lage wieder herauszukommen?"

„Sorge dich nicht, Mein Kind. Ich habe dein Lösegeld und auch die Strafe für dich schon bezahlt. Ich habe jeden Preis bezahlt, den irgendwer für deine Übertretungen fordern könnte, und zwar mit Meinem Blut. Einen höheren Preis könnte niemand verlangen. Du kannst frei ausgehen."

Herr Jesus, ich bekenne, daß ich mein Leben selbst verdorben habe. Es gibt menschlich gesprochen keinen Weg, alles wieder in Ordnung zu bringen, und keinen Weg, recht frei zu werden. Herr Jesus, ich danke Dir, daß ich mich nicht auf menschliche Möglichkeiten verlassen muß, sondern völlig Dir vertrauen kann. Danke, daß Du Dich meiner Sache angenommen und die Strafe bezahlt hast – voll und ganz. Laß mich nie vergessen, was Du für mich getan hast, damit ich nie aufhöre Dich zu preisen. Ich bitte es in Deinem Namen. Amen.

7

Sieger über technische Schwierigkeiten

Freuet euch und jubelt immerdar über das, was Ich schaffe (Jesaja 65, 18). Alle Dinge sind durch dieses Wort geschaffen, und ohne dieses ist nichts geworden, was geworden ist (Johannes 1, 3).

Als wir 1941 gerade begannen, mit voller Kraft in den 2. Weltkrieg einzutreten, entwickelte sich in der Luftfahrtindustrie ein Engpaß. Flugzeuge wurden schneller gebaut, als man sie in die Luft bringen konnte; vor allem unter kalten Wetterbedingungen. Eines Tages bekam ich deshalb einen dringenden Anruf von einer Flugzeugfabrik in Niagara Falls, im Staate New York.

„Können Sie irgend etwas entwickeln, das Flugzeugmotoren auch unter eisigen Wetterbedingungen zuverlässig startet?" wurde ich gefragt.

Zu jener Zeit war man zum Starten von Flugzeugen überall noch von Flugzeugbatterien abhängig, sogar auf den Flughäfen. Die Wirksamkeit eines Akkumulators sinkt aber sehr stark ab, wenn die Wettertemperaturen sehr niedrig sind. Deshalb gab es Startschwierigkeiten, so daß bei kaltem Wetter immer wieder die Zeitpläne durcheinander kamen, was sehr unbefriedigend war. Bei Minustemperaturen standen die Maschinen reihenweise am Boden, weil die Techniker es nicht schafften, die Motoren zu starten. Erinnern Sie sich bitte daran, wie es früher bei kalten Wintern mit Ihrem alten Auto war. Den Flugzeugen ging es beim Starten ähnlich.

Man hatte viel Entwicklungsarbeit in einen motorgetriebenen stationären Auflader gesteckt. Unglücklicherweise hatte es sich herausgestellt, daß dies auch nichts half, da Flugzeugmotoren sehr empfindlich gegen zu hohe oder sehr schnell wechselnde Stromspannungen waren, so daß durch diesen stationären Auflader viele Brände in Flugzeugen entstanden. Und dies war ja auch nicht der Sinn der Sache.

FÜR EINE OFFENBARUNG GOTTES BRAUCHT ES KEIN UNIVERSITÄTSSTUDIUM

Alle Flugzeugbauer und auch die Leute bei der Luftwaffe waren ziemlich verzweifelt im Blick auf die Lösung dieses Problems. Sie mußten etwas unternehmen, um die Maschinen auch bei kaltem Wetter starten zu können, oder mußten sich mit dem Gedanken anfreunden, vielleicht den Krieg zu verlieren.

Ich erklärte mich also einverstanden, mich mit dieser entscheidend wichtigen Sache zu beschäftigen. „Ich denke, wir können eine Lösung für Sie finden“, erklärte ich voll Vertrauen auf meine Fähigkeiten.

All dies geschah, ehe ich Jesus begegnete. Wenn ich heute zurückschaue, erkenne ich staunend, daß, weil ich eine gläubige Mutter hatte, die um meine Errettung betete, die Hand des Herrn schon damals lenkend in mein Leben eingriff.

Als ich über meine Aufgabe und die damit zusammenhängenden Probleme nachdachte, stand plötzlich ein Konzept für einen stationären Auflader in meinen Gedanken, das nicht aus mir selbst gekommen sein konnte, sondern irgendwie von außen. Ich hatte noch nie gehört, daß man vom Herrn ein Wort der Erkenntnis bekommen kann, doch mir ist klar, daß Er mir an jenem Tag ein solches gab. Was zu mir gekommen war, ging klar über den Bereich des menschlichen Verstandes hinaus. Es muß eine Offenbarung von Gott gewesen sein, durch die mir die Möglichkeit gezeigt wurde, das Problem zu lösen. Daß ich den Herrn noch nicht kannte, war nicht das Entscheidende. Er kannte mich.

Ich rief in der Flugzeugfabrik an und sagte: „Ich glaube, ich weiß, wie man einen Auflader bauen kann, der funktioniert. Wie wäre es, wenn Sie mir einen Kaufvertrag zusenden würden, damit ich das rationierte Material bekomme, das ich brauche?“ Während des Krieges waren viele Dinge nur mit besonderer Genehmigung zu bekommen. Doch es war diesmal kein Problem, denn für den Auflader bestand höchste Dringlichkeitsstufe.

Ich brauchte außerdem für meine weiteren Berechnungen noch mehr Informationen, deshalb bat ich sie, zur Beantwortung meiner Fragen einige Probeflüge mit ihrer bisherigen Ausrüstung vorzunehmen. Bereitwillig ging man darauf ein und gab mir alles, was ich brauchte, so daß ich meinen Auflader bald fertig hatte und für eine Erprobung bereit war. Wir verfrachteten die ganze Ausrüstung nach Niagara Falls, und ich flog später mit meinen Prüfinstrumenten nach.

„Also gut“, sagte der Ingenieur, „hier sind die Flugzeuge.“ Damit zeigte er auf eine große Anzahl von Maschinen, die in mehreren Reihen auf dem Flugfeld standen. „Wir wollen sehen, ob Sie eine zum Anspringen bringen.“

Gerade dieser Flugzeugtyp hatte Motoren, die dafür bekannt waren, daß sie schwerer ansprangen als alle anderen. Es würde wirklich eine Feuerprobe für meine neuentwickelte Ausrüstung werden. Wir brachten meinen Auflader in eine Maschine, drückten den Knopf – und der Motor sprang an. Der Ingenieur war beeindruckt.

„Glauben Sie, Sie könnten zwei Motoren auf einmal starten?" fragte er.

„Sie haben zwar nur darum gebeten, etwas zu entwickeln, mit dem man einen Motor zur Zeit starten kann, aber wir können ja ausprobieren, was geschieht. Wir werden es nie genau wissen, bis wir es versucht haben." Zum Schluß unserer Erprobung starteten wir drei Motoren auf einmal, und es gab keine Schwierigkeiten.

„Hill, Sie sind im Geschäft", sagte der Ingenieur. „Gehen Sie zur Einkaufsabteilung und holen Sie sich den Auftrag für eine ganze Flotte dieser Auflader."

„In Ordnung."

Als nächstes schickte er mich nach Buffalo, wo sie auch so viele Auflader bestellten, wie sie brauchen konnten, dann zur Westküste und weiter quer durch das ganze Land. Innerhalb weniger Monate, so schnell wir sie nur produzieren konnten, standen auf allen Flughäfen diese Auflader, auf die ich ein Grundpatent hatte. Soweit ich weiß, ist heute fast jeder Flughafen der Welt mit dem stationären Auflader ausgerüstet, dessen Grundkonzept mir der Herr 1941 direkt durch eine Offenbarung gab. Gibt Gott manchmal schon Antwort, noch ehe wir rufen (Jesaja 65, 24)? Amen!

Sind Sie in Ihrem Leben auf manchen Gebieten erfolgreich gewesen und glauben nun, Sie hätten dies alles ohne Gottes Hilfe erreicht? Sie irren sich sehr. Jesus sagte, Er konnte nichts von sich selber tun (Johannes 5, 19). Sind Sie etwa fähiger als Er war?

Vater, ich bekenne, für mich Verdienste in Anspruch genommen zu haben, wo Du etwas getan hast. Vergib mir, daß ich meinte, ich könnte selbst etwas Gutes von mir aus tun. Laß mich nie vergessen, daß alle gute und vollkommene Gabe von Dir kommt. Herr, mache mich zu einem recht brauchbaren Kanal für all Deine Pläne. Danke, Herr Jesus.

Und nun, Herr, hilf mir, daß ich mein eigenes Wesen immer mehr in den Tod gebe, damit Dein Name verherrlicht wird durch alles, was ich bin und tue. In Jesu Namen, amen.

8

Sieger über verborgene Schuld

Bekennet also einander die Sünden und betet füreinander, damit ihr Heilung erlangt (Jakobus 5, 16).

An einem milden Frühlingstag saß König David auf dem Dach seines Hauses und beobachtete sozusagen Farbfernsehen. Es war eine Lebendvorstellung, die unter ihm im Nachbargarten stattfand. Die Schauspielerin war Bathseba, und ihr Kostüm machte keine Phantasie mehr nötig. (Man sieht: Fernsehen, gleich ob Lebendvorstellungen oder Aufzeichnungen, bringt immer wieder nur Probleme.)

David muß wohl der falschen Ansicht gewesen sein, es sei „Werbefernsehen", denn er dachte: „Ich nehme das Angebot an." Er schickte also seine Diener, und Bathseba wurde ihm frei Haus geliefert.

Er sah – sie kam – und die Sünde siegte. So ist das immer. David gefiel das Sündigen mit Bathseba so sehr, daß er beschloß, die hübsche junge Frau für länger bei sich zu behalten. Das Problem dabei war, daß sie schon einen Ehemann hatte, der Soldat in König Davids Armee war. Doch diese Schwierigkeit ließ sich leicht lösen. David schickte ihn einfach an die

Front, wo der Kampf am härtesten war, und dort wurde er getötet. Was soll's? Ein König hat das Recht, seine Soldaten zu senden, wohin er will.

> VERSUCHUNGEN SIND GOTTES MIKROSKOP,
> UM VERBORGENE GEDANKEN ZU OFFENBAREN.

Können Sie nicht hören, wie David sich vor sich selbst entschuldigt? „Ich bin der König und damit der Oberste über alle. Ich kann eigentlich gar keinen Diebstahl begehen, denn alles im Königreich gehört mir ja. Auch wenn ich die Frau eines anderen Mannes nehme, ist das recht. Und wenn ich Bathsebas Mann an die gefährlichste Stelle der Front schicke, kann niemand etwas dagegen haben; ich habe das Recht dazu. Wozu wäre ich König, wenn ich nicht bestimmen könnte, was geschieht? Irgend jemand muß schließlich auch an der gefährlichsten Stelle stehen. Ich habe ja selbst auch schon an den gefährlichsten Plätzen gekämpft. Als zum Beispiel der Riese Goliath das ganze Volk erschreckte, habe ich allein mit ihm gekämpft."

Doch Davids Körper war mit all diesen Entschuldigungen nicht einverstanden. Tief im Inneren, unter allen Argumenten, wußte der König, daß er Unrecht getan hatte. Und die verborgene Schuld begann ihre Symptome in seinen Körper zu schreiben.

Verborgene Schuld, Schuld, die wir nicht vor Gott und Menschen bekennen, wird zur Freveltat. Und solcher Frevel verdirbt auch unseren Körper. Sehr oft erwachsen daraus verderbliche Krankheiten wie Krebs oder Leukämie. Dies geschieht zum Beispiel auf folgende Weise: Die roten Blutkörperchen tragen im Blutkreislauf Nahrung durch unseren Körper, wie die Einkaufswagen im Supermarkt, in die wir hineinlegen, was wir für die nächste Woche brauchen. Ihre Arbeit, neue Nahrung heranschaffen und den Unrat mit forttragen, ist so schwer, daß sie nach ungefähr dreißig bis vierzig Tagen am Ende sind. Das würde Ihnen genauso gehen, wenn Sie 24 Stunden am Tag, sieben Tage in der Woche und 52 Wochen im Jahr ohne Ruhe arbeiten müßten. Zum Glück gibt es aber immer genug von diesen kleinen Dingern, die durch unseren Körper ziehen. Gott hat es so eingerichtet, daß durch eine Fabrik, die in unserem Körper existiert, immer neue rote Blutkörperchen produziert werden.

So, wie die verbrauchten roten Zellen sich auflösen, bekommen wir immer wieder ganz neue aus der Fabrik, die die Arbeit fortsetzen. Diese neuen Blutkörperchen werden in unserem Knochenmark hergestellt. Diese Fabrik in uns ist so wichtig, daß Gott sie in unsere größten und dicksten Knochen plaziert hat, damit sie auf das beste geschützt ist. Denn wenn dieser Fabrik etwas geschieht, geraten wir in große Schwierigkeiten. Bald wird es in uns nicht mehr genügend rote Blutkörperchen geben, die den so wichtigen Auftrag erfüllen. Leukämie, Anämie und andere Krebsarten sind die Folge davon, wenn das Gleichgewicht in unserem Blutkreislauf nicht mehr stimmt.

Nehmen wir an, Sie wüßten, daß sie irgendwo schuldig geworden sind und versuchten nun, es verborgen zu halten, anstatt es zu bekennen. Sie begraben ihre Schuld und versuchen, sie zu vergessen. Das kann nicht gut gehen. Verborgene Schuld bringt sie in einen derartigen Seelenzustand, daß Sie früher oder später zu einem heidnischen Kopfklempner (der Verfasser meint damit einen Psychiater – die Red.) gehen müssen. Der wird sich Ihre Probleme anhören, mit dem Kopf nicken und Ihnen dann ein Drei-Punkte-Programm empfehlen: Erkenne dich selbst – akzeptiere dich selbst – verwirkliche dich selbst. Die Sache läuft hinaus auf: tue, was du meinst, tun zu sollen und lasse keine Schuldkomplexe darüber aufkommen, dann wird alles wieder besser werden.

Sie versuchen das vielleicht, aber es funktioniert nicht. Statt besser, wird es nur schlimmer. Sich selbst zu erkennen, tief in sich hineinzuschauen, macht nicht frei von seelischen Angstzuständen und Bedrückungen, sondern macht uns krank bis in unseren Magen hinein. Erkenne dich selbst? Wie schrecklich!

Erzählen Sie nun Ihrem ungläubigen Psychiater, wie Sie auf die Selbsterkenntnis reagierten – Sie hatten Selbstmordgedanken –, und er wird Sie ermutigen, einen weiteren Schritt für Ihre „Heilung“ zu tun: „Fassen Sie Mut und verwirklichen Sie sich selbst, dann wird es besser werden“, sagt er.

Sie gehen hin und fangen an zu verwirklichen, was Sie in Ihrem Inneren erkannt haben – und Sie landen zum Schluß im Gefängnis. Ihre Schwierigkeiten haben sich nur noch vervielfacht.

Von Natur aus sind wir innerlich voller Schmutz und Ungerechtigkeit, und es gibt nicht genug menschliche Gerechtigkeit in der ganzen Welt, um auch nur einen von uns reinzuwaschen, und auch nicht genug „gute“ Werke. David schrieb: „Wohl dem, dessen Missetat vergeben und dessen Sünde zugedeckt ist“ (Psalm 32, 1). Die einzige Decke, die Gott für unsere Sünde anerkennt, ist das vergossene Blut Jesu. Wenn Sie versuchen, Sünde und Schuld mit Ihrer Selbstgerechtigkeit zu bedecken, bringen Sie sich nur in Schwierigkeiten. Schmutzige Lumpen sind der schlechtestmögliche Schutz für eine Wunde, sie sind vielmehr der beste Brutplatz für Bakterien. Unter diesem bakterienverseuchten Verband der Selbstgerechtigkeit beginnt die Fäulnis rasend schnell um sich zu greifen. König David, der Mann nach Gottes Herzen, geriet seiner verborgenen Sünden wegen in einen so schlechten Zustand, daß er sich entweder Gott stellen oder sterben mußte. Im 32. Psalm sagt er uns, wie es ihm erging:

„Als ich es verschwieg“, sagt David, „als ich mich weigerte, meine Sünde anzuerkennen, verzehrten sich meine Gebeine.“ In ausgezehrten Gebeinen (Knochen) vertrocknet das Knochenmark. Verborgene Schuld durchdringt den Knochenschutz und geht direkt ins Mark. Und die Konsequenz davon? Heute würden wir sagen, David hatte alle Symptome von Leukämie. Diese Dinge werden heute wissenschaftlich nachgewiesen. Solche Autoritäten wie Karl Menninger und Paul Tournier haben in ihren Schriften auf die Verbindung zwischen verschiedenen Krebskrankheiten und Schuld hingewiesen. David wurde dies schon vor langer Zeit durch den Heiligen Geist klargemacht. Natürlich ist nicht bei jeder Krebserkrankung verborgene Schuld die Ursache. Doch nach Davids eigenem Zeugnis gab es bei ihm offensichtlich eine Verbindung zwischen seinem körperlichen Zustand und seiner geistlichen Situation. „Als ich es verschwieg, verzehrten sich meine Gebeine durch mein Gestöhn den ganzen Tag", bekennt David hier. Der Mensch, der sich schuldig fühlt, ist oft der lauteste unter allen. Er kann nicht still sein, sondern versucht die Unruhe in sich durch sein lautes Wesen nach außen zu übertönen.

„Denn Tag und Nacht lastete auf mir Deine Hand; verwandelt ward mein Saft in Sommerdürre." David hatte so hohes Fieber, daß er sich wie ausgetrocknet vorkam. Unsere Körpertemperatur wird durch einen von Gott eingebauten Thermostat immer knapp unter 37 Grad gehalten. Manchmal erhöht sich die Temperatur, wenn der Körper Bazillen aus seinen Organen vertreiben will. Doch manche Bazillen werden durch mittleres Fieber nicht abgetötet. Bei Lungenentzündung zum Beispiel kann das Fieber auf über 41 Grad ansteigen.

Schuld und Bazillen haben im menschlichen Körper oft denselben Effekt. Beide machen uns krank. Deshalb sagte Jesus zu dem am Teich Bethesda Geheilten: „Du bist gesund geworden; sündige fortan nicht mehr, damit dir nicht noch Schlimmeres widerfährt" (Johannes 5, 14). Das sagt Er zu uns auch.

Als David seinen Zustand kaum mehr ertragen konnte, sandte Gott den Propheten Nathan zu ihm, um ihm seine Schuld vorzuhalten. Nathan kannte Davids Sünde genau. Er wußte aber auch, daß der König versuchen würde, sich herauszureden und Entschuldigungen zu finden, wenn er ihm die Sünde direkt vorhielt. Er würde auf diese Weise nichts erreichen. Deshalb erzählte er ihm die Geschichte von einem armen Mann, dem sein reicher und mächtiger Nachbar sein einziges Schaf wegnahm, nur, weil er keines von seinen eigenen vielen Schafen für ein Festmahl schlachten wollte, das er einem Gast zu geben gedachte. Als der König diese Geschichte hörte, wurde er wütend. Der Mann müsse das geraubte Schaf vierfach zurückgeben, ordnete er an, und außerdem solle er des Todes sterben, weil er kein Mitleid gehabt hatte.

„Du bist der Mann", sagte Nathan daraufhin. Es war das Wort des Herrn, das er David sagte. David war überführt von seiner Bosheit und bekannte Gott seine Sünde. „Da bekannte ich Dir meine Sünde", sagt David in dem Psalm. „Ich verhehlte meine Verschuldung nicht. Ich sagte: ‚Bekennen will ich dem Herrn meine Missetaten!' Da hast Du mir meine Sündenschuld vergeben."

Sobald David seine Sünden bekannte, nahm Gott die verborgene Schuld hinweg. Als die verderbliche Ursache verschwunden war, begann Davids Knochenmark sich zu erholen und war wieder in der Lage, genug rote Blutkörperchen zu produzieren. David war geheilt.

Haben Sie verborgene Sünden in Ihrem Leben? Schuld, die Sie nie vor Gott bekannt haben, um davon loszukommen? Gibt es etwas, das Sie vor Gott nie zugeben wollten und um das Sie nie um Vergebung gebeten haben? Es könnte mit Ihnen schlimmer werden als es je war, wenn Sie nicht davon loskommen. Jetzt ist eine bessere Zeit dazu als irgendwann später.

Herr Jesus, ich danke Dir, daß Du mir die Augen für meine Sünde geöffnet hast, für die verborgene Schuld, von der ich glaubte, daß niemand um sie wisse. Habe Dank, daß mein Körper darunter leiden mußte, damit ich die Not meiner Seele erkannte. Danke Herr, daß ich mich nicht mit meiner Selbstgerechtigkeit betrügen konnte.

Ich bekenne Dir gerade jetzt meine Sünden. (Nennen Sie die Sünden, an die Gott Sie erinnert, beim Namen.) Herr, laß Dein reinigendes Blut darüber fließen. Begrabe meine Schuld und Sünde unter diesem Blut und mache mich weißer als Schnee. Danke Herr, daß Du den Preis für mich auf Golgatha bezahlt hast.

Laß, nachdem ich Dir meine Sünden bekannt habe, Heilung meinen Leib durchdringen. Mache mich heil in Geist, Seele und

Leib, denn ich möchte, daß in meinem Leben Dein Wille geschieht. Vergib meine Schuld und Sünde, wie Du David vergabst. In Jesu Namen mache mich frei und mache mich heil. Amen.

9

Sieger über Spukgeister und tote Theologie

Diese haben ihn um des Blutes des Lammes und um des Wortes ihres Zeugnisses willen überwunden (Offenbarung 12, 11).

Eines der Mitglieder unserer Gebetsgruppe in Baltimore ist ein Vertreter, der wöchentlich Tausende von Traktaten verteilt, wenn er unterwegs ist. Eines Tages beauftragte der Herr ihn, ein Traktat mit seinem eigenen Zeugnis auf den Schreibtisch seiner Chefin zu legen. Am nächsten Morgen ließ sie ihn rufen.

„Ich möchte mit Ihnen über das Traktat reden, das Sie gestern auf meinen Schreibtisch legten", sagte sie. „Gestern abend habe ich es gelesen. Sie erwähnen darin etwas, das Sie den Heiligen Geist nennen, daran bin ich interessiert. Ich weiß eine Menge über Geister, da ich in meinem Hause jeden Dienstagabend eine spiritistische Sitzung abhalte. Doch ich weiß nichts über den Heiligen Geist. Wie könnte ich etwas darüber erfahren?"

„Nun", sagte Larry, „ich könnte jemand bitten, zu Ihnen zu kommen und mit Ihrer Gruppe über den Heiligen Geist zu sprechen. Wäre das recht?"

„Großartig!" stimmte sie zu. Sie machten eine Zeit aus, und Larry bat mich, zu diesem Abend zu gehen.

Ich versicherte mich im Gebet noch einmal der vollen Waffenrüstung Gottes, ehe ich mich in das Haus der Frau aufmachte. Ungeschützt wäre ich wohl ein wehrloses Opfer geworden. Doch mir stand jedes Ausrüstungsstück, das für einen siegreichen geistlichen Kampf nötig ist, zur Verfügung: Der Helm des Heils, der das Blut Jesu ist und den Geist vor einem Einfall des Bösen bedeckt; der Panzer der Gerechtigkeit, der Jesus selbst ist, der meine Seele vor den Mächten der Finsternis bewahrt; der Schild des Glaubens, der vor den feurigen Pfeilen des Feindes beschützt, die sonst in meinem Inneren Schaden angerichtet hätten; und an den Füßen geschuht mit der Bereitschaft, die Heilsbotschaft zu verkündigen (Epheser 6, 11–17). Mit dieser Ausrüstung konnte ich mich aufmachen und das Land einnehmen, ohne fürchten zu müssen, selbst Schaden zu leiden.

Als ich bei dem Hause der Frau ankam, konnte ich nahezu fühlen, wie mich die dämonischen Mächte durch die Fenster anstarrten. Die Gegenwart Satans lag wie eine schwarze Decke über dem Kellerraum, in den ich zu der Versammlung geführt wurde. Ich pries leise Gott und betete zwischendurch in anderen Zungen, mich dabei auf diese übernatürliche Fürbitte des Heiligen Geistes verlassend, da ich sonst erledigt gewesen wäre.

Am Anfang der Versammlung bekam ich die Gelegenheit, den zwölf jüdischen Frauen, die in einem Kreis saßen, ein Zeugnis zu geben. Sie waren alle gefangen im Okkultismus. Ich konnte dies durch die Gabe der Geisterunterscheidung sagen, wenn ich in ihre Augen sah. Der Teufel starrte mich durch die Augen jeder der Frauen haßerfüllt an. Er hatte erkannt, daß ein Königskind angekommen war und wußte, daß er Schwierigkeiten bekommen würde.

Gegen 21 Uhr sagte die Hausbesitzerin: „Dies ist die Zeit, wenn wir alles andere beiseite tun und Kontakt mit unseren Freunden aufnehmen." Ich wußte, daß die Freunde, von denen sie sprach, böse Geister waren, denn ich hatte mich mit diesen Dingen früher auch einmal beschäftigt. Während die Frauen sich in Schweigen versenkten, fuhr ich fort, im Geiste zu beten.

Nach längerer Zeit ziemlich unfruchtbarer Stille sagte unsere Gastgeberin: „Etwas scheint heute abend nicht in Ordnung zu sein. Es ist zwar noch nie vorgekommen, aber irgendwie ist es uns heute nicht gelungen, mit den Geistern in Kontakt zu kommen. Die andere Dimension kann aus irgendwelchen Gründen nicht zu uns durchdringen."

Wenn sie geahnt hätte, daß ich der Grund war, hätte sie mich wahrscheinlich sofort an die frische Luft befördert. Auch ein einzelnes Königskind ist im Lager des Feindes immer in der Überzahl. Ich hatte den alten Feind aus seinem eigenen Herrschaftsbereich hinausgebetet. Jesus, das Licht der Welt, hatte die Finsternis vertrieben.

Nach der Stille, in der die Frauen vergeblich gewartet hatten, wurde ich gebeten, mit meinem Zeugnis fortzufahren. Gewöhnlich, wenn ich anfange von Jesus zu reden, kann ich kaum wieder aufhören. Doch diesmal stoppte mich der Herr schon nach wenigen Minuten.

„Das ist genug. Jetzt ist die richtige Zeit. Frage sie jetzt", hörte ich die Stimme des Heiligen Geistes.

Ich schaute die Gastgeberin offen an und legte ihr die Frage vor, die der Herr mir gerade in den Sinn gegeben hatte: „Haben Sie sich je gefragt, wo diese schreckliche Leere in Ihrem Inneren herkommt?"

Die Frage kam vom Heiligen Geist und entsprang sicherlich nicht meiner eigenen Denkmaschine, denn die Dame sah alles andere als innerlich leer aus. Sie war eine erfolgreiche Geschäftsfrau und schien glücklich zu sein – eine Witwe, die Millionen besaß. Äußerlich sah sie aus, als habe sie alles, was das Leben zu bieten hat. Doch die innere Leere quälte sie und ließ sie nach etwas Echtem und Wahrem hungern.

„Meine schreckliche Leere? Aber woher wissen Sie? Ich versuche immer, sie zu verbergen ..." Sie wischte sich mit einem kleinen Taschentuch mit Häkelkante, das offensichtlich nur

Dekorationszwecken diente, die Augenwinkel. „Es läßt mich die Wände hochgehen“, fuhr sie fort. „Ich habe Pillen genommen, habe es mit Alkohol versucht und auch mit Spiritualismus ... Ich habe alles versucht ...“

Ich bemerkte, wie einige andere Frauen mit den Köpfen nickten, als sei dies auch ihre Geschichte.

„Möchten Sie, daß diese Leere ausgefüllt wird und daß statt dessen Gottes Gegenwart und Sein Friede dort wohnen?“

„O ja“, rief sie. „Aber ist das für mich möglich? Ich bin eine orthodoxe Jüdin und in der jüdischen Religion erzogen. Dieser Jesus, von dem Sie reden – man hat mich gelehrt, ihn für all meine Probleme verantwortlich zu machen und nichts von Ihm zu erwarten.“

„Herr“, betete ich leise, „wie kann ich hier das Richtige tun?“ Doch noch ehe ich etwas unternehmen konnte, sagte eine der anderen Frauen:

„Aber hast du nicht gehört, Ester, was der Mann sagt? Jesus ist keine Religion. Er ist eine Person! Also kann es auch mit deinen jüdischen Lehren keine Konflikte geben.“

„Sollte es so einfach sein?“ fragte Ester. Ihre Stimme war voller Hoffnung.

„Ich denke schon“, hörte ich mich sagen.

„Dann ist es das, was ich brauche“, rief sie. „Ich möchte diese Gemeinschaft an Stelle meiner schrecklichen Leere. Was habe ich zu tun, um sie zu erleben?“

UNSER SALZ-DER-ERDE-ZEUGNIS MACHT HEIDEN DURSTIG NACH JESUS

Ich glaubte immer noch, etwas Kompliziertes müßte geschehen, und ich hätte Johannes 3, 16, Römer 10, 9 und all die anderen Verse vorzulesen, die von Erlösung reden. Ohne diese, so meinte ich, könne niemand gerettet werden. Doch Jesus schien zu sagen: „O nein. Diesmal geht es auf eine andere Weise."

Ich spürte, daß es so war. Die üblichen Stellen des Neuen Testaments hätten diese jüdische Frau vielleicht zunächst abgestoßen. Es war mein Zeugnis gewesen, das sie interessiert hatte. Das Bibelwort, das Jesus mir in den Sinn gab, war eigentlich weniger zum Zitieren als zum selbst daran Festhalten geeignet. Es lautete: „Diese haben ihn (Satan selbst) um des Blutes des Lammes und um des Wortes ihres Zeugnisses willen überwunden" (Offenbarung 12, 11).

Ich konnte kaum zu Ende sprechen, als Ester schon Fragen stellte, die, kurz zusammengefaßt, lauteten: „Was muß ich tun, um gerettet zu werden?" Der Geist Gottes hatte sechzig Jahre religiöser Vorurteile zerbrochen.

Ich setzte einen Stuhl in die Mitte des Kreises, bat sie, sich daraufzusetzen, legte ihr die Hände auf und betete mit ihr. Jesus rettete sie und taufte sie mit dem Heiligen Geist. Dort – in diesen Minuten. Ihre Hände flogen hoch und sie rief: „O-h-h-h Jesus! Habe Dank, Jesus! Ich preise Dich, Jesus!" Für sie, die gelehrt war, Jesus zu beschuldigen, anstatt zu lieben und anzubeten, war es ein gewaltiger Wechsel. Sie fragte mich: „Ich möchte Jesus in hebräischer Sprache preisen. Glauben Sie, das ist in Ordnung?"

„Jesus war selbst Jude", erinnerte ich sie. „Sie können Ihn preisen wie immer Sie wollen – Er versteht Sie."

Sie begann, jemand zu preisen, der Jeschua hieß (das ist Jesus auf Hebräisch), und dann sprach sie in vielen Sprachen und pries Ihn in neuen Zungen, so daß ich kaum mehr mitkam. Es war, wie es am ersten Pfingsttag gewesen sein muß. Kein Wunder, daß die Zuschauer glaubten, die Jünger und ihre Freunde hätten ein wenig zuviel zu trinken gehabt. Der Wein des Heiligen Geistes ist sehr anregend.

Etwa zwanzig Minuten pries sie Jesus und dankte Ihm, daß Er sie gerettet und in Seinem Blut gewaschen hatte. Der Heilige Geist, kein Mensch, hatte ihr das geoffenbart und sie dazu gebracht, Gott so zu verherrlichen, daß die anderen Frauen es hören und ergriffen werden mußten. Nachdem durch diese Ergriffenheit der Heilige Geist die Augen aller Anwesenden gründlich auswaschen konnte – es ist oft ein Zeichen vom Wirken des Heiligen Geistes, wenn solche Ströme von Wasser fließen –, stellte ich ganz schlicht die Frage: „Wer ist die Nächste?"

Ob Sie es glauben oder nicht – aber alle sprangen auf und drängten nach dem Stuhl in der Mitte. Ich bat Ester, ihre Hände auf die erste zu legen und mit ihr zu beten. Die Frau wurde herrlich errettet. Diese beiden beteten dann gemeinsam für die dritte, und die drei für die vierte und so weiter. Der Himmel schien sich im ganzen Raum zu vervielfältigen. Die zwölf ehemaligen jüdischen Spiritistinnen übergaben ihr Leben an Jesus und bekehrten sich. Und der Herr nahm sie an und errettete sie herrlich. Dies geschah in weniger als zwei Stunden. Preis sei Gott!

Ich hatte nichts weiter getan, um sie zu überzeugen, als ein Zeugnis zu geben, das auch noch kürzer als gewöhnlich ausfiel. Ich hatte erzählt, wie ich selbst den Herrn erlebt hatte. Nichts weiter. Alles andere tat Gott selbst. Gibt es etwas, das für Gott zu schwierig ist? Er sagt selbst: Nein.

Einige der Frauen schlossen sich der örtlichen Gruppe der „Geschäftsleute für das Volle Evangelium" an. Ich bin noch oft zu den Dienstagabendversammlungen in Esters Haus gekommen. Allerdings nicht mehr, um herumzusitzen und auf Geister zu warten, sondern um Bibelstunden zu halten und die dort Versammelten über das siegreiche Leben der Königskinder zu unterrichten.

Was haben Sie mit Ihrem Zeugnis von Christus bisher gemacht? Haben Sie es daheim in einer Schublade verlegt oder tief in Ihrem Herzen versteckt? Waren Sie zu schüchtern, zu ängstlich oder zu stolz, um es frei weiterzugeben, damit Gott es gebrauchen kann, um den Feind zu vertreiben und Menschen für Sein Reich zu gewinnen? Kennt Ihr Arbeitskollege, der neben Ihnen arbeitet, Jesus schon? Liegt es Ihnen am Herzen, daß er Ihn kennenlernt?

Herr Jesus, ich weiß, ich habe die kraftvollen Waffen, die Du mir gabst, oft nicht gebraucht. Vergib mir, daß ich sie nicht zum Zeugnis für Dich benutzt habe. Gib mir den Mut, den ich brauche, den Feind zu überwinden und für Dich ein Zeugnis zu sein, damit verlorene Menschen Dich finden. Gebrauche mich.

Danke Herr, für Deine mächtige Liebe, die mich dazu befähigt. In Jesu Namen. Amen.

10

Sieger über Geldforderungen

Richtet nicht, dann werdet ihr auch nicht gerichtet werden; und verurteilt nicht, dann werdet ihr auch nicht verurteilt werden; laßt frei, dann werdet ihr auch freigelassen werden (Lukas 6, 37).

Wie schwer ist es doch für die Begüterten, in das Reich Gottes einzugehen (Lukas 18, 24).

Vor etwa 18 Jahren lieh ich einem Geschäftspartner eine ziemliche Summe Geldes. Wir wollen ihn Rodney nennen. Über die Jahre hatten wir beide Erfolg, denn ich übergab meinen Anteil an unserem Geschäft an Jesus, und Er segnete uns. In kurzer Zeit hatte Er aus unserem mühsam gehenden kleinen Geschäft drei wachsende Firmen gemacht.

Während all der Jahre erwähnte Rodney ab und zu das geliehene Geld wieder einmal. „Eines Tages werde ich es dir zurückzahlen", versicherte er mir.

Ich machte mir keine Sorgen darum. Ich brauchte das Geld im Augenblick nicht und wollte ihn deshalb nicht drängeln. In der Zwischenzeit baute sich Rodney ein schönes Haus, kaufte sich eine feine Jacht, mit dem Namen seiner Frau daran, und verbrachte seine Ferien auf den Bahamas. Alles Anzeichen von zunehmender Wohlhabenheit.

Vor einigen Jahren verkauften wir unsere Firmen und wurden beide von den neuen Eigentümern angestellt. Nachdem ich vier Herzanfälle in einem Monat erlebt hatte, schien es mir weise zu sein, meine irdischen Angelegenheiten zu ordnen, damit nicht irgend jemand deshalb noch Schwierigkeiten hatte, sollte ich plötzlich in den Himmel gerufen werden. Ich setzte mich also mit meinem Anwalt zusammen, um alle Dinge zu regeln und ein Testament zu machen. Ohne das Testament würde vielleicht das Finanzamt das meiste von dem kassieren, was dem Reiche Gottes dienen sollte. Die Regierung würde das Geld für alles mögliche benutzen, aber nicht zur Ausbreitung des Evangeliums. Da sollte es lieber die Gemeinde haben, um Gottes Sache zu treiben. Dies schien mir die weitaus bessere Verwendung zu sein.

Während mein Anwalt und ich noch an der Sache arbeiteten, erinnerte ich mich an die Summe, die ich vor vielen Jahren Rodney geliehen hatte. Das Geld sollte hierbei nicht vergessen werden. Also rief ich ihn kurze Zeit später an und teilte ihm mit, daß mein Anwalt und ich meine Angelegenheiten ordneten. „Wie steht es mit dem Geld, das ich dir vor 18 Jahren geliehen habe?“ fragte ich. „Wäre es dir möglich, es jetzt zurückzuzahlen?“

Wie die Dinge lagen, erwartete ich etwas wie: „Sicher, in wenigen Tagen wirst du es haben.“ Doch ich irrte. Er schien ziemlich ärgerlich zu sein, daß ich nach dem Geld fragte. Ich konnte es fast nicht glauben. „Du verdienst es gar nicht“, knurrte er.

„Ich verdiene es nicht? Habe ich dich richtig verstanden? Willst du sagen, du willst das Geld nicht zurückzahlen?“ Es schien mir nicht die rechte Art zu sein, Angelegenheiten in solcher Weise zu regeln. Doch er hängte auf, ohne noch ein Wort zu sagen. Das schien mir noch weniger in Ordnung, und ich begann innerlich zu kochen.

„Es ist mein Geld“, schnaubte ich. „Er hat es geliehen. Was

bildet er sich ein, die Rückzahlung zu verweigern?" Je länger ich nachdachte, um so elender wurde mir zumute. Ich merkte gar nicht, daß ich mich in meiner Reaktion auf das Niveau dieses Heiden begab, anstatt auf der Ebene der Königskinder zu bleiben, auf der ich mich befinden sollte, da ich doch in Verbindung mit dem Herrn des Universums lebte.

Einige Tage später traf ich Rodney im Büro. Ich wurde immer noch von der törichten Verärgerung beeinflußt. „Hast du etwas unternommen, um mir mein Geld zurückzuzahlen?" fragte ich ihn.

Er wurde zornig. „Du verdienst das Geld nicht!" schrie er. „Ich werde es nicht zurückzahlen. Geh und verklage mich. Aber du wirst das Geld nicht erhalten." Er wurde so wütend, daß ich glaubte, er würde einen Schlaganfall bekommen und umfallen. In diesem Augenblick verschwand mein Selbstmitleid und meine gekränkte Gerechtigkeit. Der Heilige Geist erinnerte mich an etwas:

„Hill, du kannst ein Sieger oder ein Verlierer in dieser Situation sein. Triff deine Wahl." Er brauchte nichts mehr zu sagen. Ich erinnerte mich an das, was ich immer und immer wieder gelernt hatte. Wenn ich darauf bestehe, selbst Eigentümer zu sein, verliere ich. Übergab ich aber alles an Gott und sah mich selbst nur als Sein Verwalter an, war ich noch immer Sieger geblieben.

DER GROSSE BETRUG:
DU KANNST ES AUCH OHNE GOTT SCHAFFEN!

„Preis dem Herrn!" sagte ich und war damit wieder auf der Wellenlänge, auf der ich schon die ganze Zeit hätte sein sollen. „Rodney, ich habe soeben begriffen, daß das Geld, wovon wir reden, gar nicht mir gehört. Ich möchte, daß du das weißt. Es gehört Gott. Jeder Pfennig davon. Du wirst mit Ihm darüber abrechnen müssen, was immer du auch damit tust. Es kümmert mich nicht mehr.“

Ich drehte mich, um den Raum zu verlassen. Aller Ärger und alles Murren in mir verschwanden. Ich war los von dem Geld. Was damit geschah, war nun Gottes Sache, ganz allein die Seine. Ich mußte mir darüber nicht mehr länger Sorgen machen. Ich begann Gott zu preisen und mir war, als ob sich ein Gewicht von zehn Tonnen von mir hob.

Rodney wurde fast ohnmächtig. Er war ganz bleich geworden. Es ist schon ein seltsames Gefühl, den Gegner nicht mehr vor sich zu haben, wenn man bereit war zu kämpfen. Es ist, als steige man noch eine Stufe weiter in die Dunkelheit, obwohl man doch den Boden schon erreicht hat.

Ich sagte: „Gott segne dich“, und ging hinaus. Ich war frei. Ich hätte mir ein Magengeschwür zulegen können, hohen Blutdruck oder Arthritis oder alle möglichen anderen unerwünschten Gebrechen, hätte ich festgehalten, Eigentümer zu sein. Doch als Gott mich durch Seinen Heiligen Geist daran erinnerte, daß ich, um ein Sieger zu sein, nur Verwalter sein konnte und nicht Besitzer, war ich wieder frei, zurückzukehren in den Segen, das Heil und Wohlbefinden, die nach Gottes Willen einem Königskind zukommen (3. Johannes 2).

Festhalten am Besitzrecht bringt uns nicht unter den Segen Gottes. Wenn wir bereit sind, unsere eigenen Rechte aufzugeben und nur Gottes Verwalter sind, kommen wir in eine Stellung, die für unser geistliches Wachstum hilfreich ist. Ich habe heute keine Schuldner mehr. Gewiß, auf dem Papier gibt es mehrere Leute, die mir verschiedene Geldsummen zurückzahlen sollten. Doch ob ich das Geld zurückbekomme oder nicht ist Gottes Sache, nicht die meine.

Schuldet Ihnen jemand etwas? Zerfrißt es Ihr Herz, bereitet Magengeschwüre, verkrümmte Zehnägel, einen kranken Magen, Haarschuppen oder Herzbeschwerden? Wollen Sie es nicht loslassen und nur noch Verwalter sein, statt Besitzer? Es kann heute geschehen.

Herr Jesus, ich bekenne Dir die Sache, die mich zerfrißt und plagt, die mich hindert, in der Freiheit zu leben, die Du für mich am Kreuz erworben hast. (Nennen Sie die betreffende Sache, die Sie nicht losläßt, beim Namen.) Nimm es bitte hinweg! Ich übertrage alle meine vermeintlichen Rechte auf Dich. Laß mich doch nur Dein Verwalter sein und nicht mehr Besitzer. Und Herr, fahre bitte fort in mir zu arbeiten, damit ich mehr werde wie Du. In Jesu Namen. Amen.

11

Sieger über Verkehrsstauungen

Sorgt euch um nichts, sondern laßt in jeder Lage euer Anliegen durch Gebet und Flehen verbunden mit Danksagung vor Gott kund werden! Dann wird der Friede Gottes, der höher ist als aller Verstand, eure Herzen und euer ganzes Denken in Christus Jesus bewahren (Philipper 4, 6–7).

Alles, was ihr auf der Erde bindet, wird auch im Himmel gebunden sein, und was ihr auf der Erde löst, wird auch im Himmel gelöst sein (Matthäus 18, 18).

Ich verließ mein Haus ungefähr sechs Uhr morgens. Mein Pastor, Peter Vroom, hatte mich abgeholt, um mich zum Washington National-Flughafen zu bringen, von wo aus ich einen längeren Flug zu machen hatte. Wir befanden uns noch auf der Autobahn, ungefähr 15 km außerhalb Washingtons, als plötzlich der gesamte Verkehr zum Erliegen kam. Streifenwagen, Krankenautos und heulende Sirenen machten uns klar, daß es irgendwo vor uns einen Unfall gegeben haben mußte.

Während Peter und ich, wie alle anderen Verkehrsteilnehmer, warten mußten, beteten wir für die Menschen, die in den Unfall verwickelt waren, und dann begannen wir den Herrn zu preisen. Wir waren schon lobend und preisend von daheim fortgefahren, denn Königskinder können gar nicht anders, wenn sie in rechter Verbindung mit dem Herrn leben. Wir wußten auch, wenn wir aufhören würden zu preisen, mußten wir uns möglicherweise bald ärgern und anfangen zu murren; der Satan würde unterwegs schon für Gelegenheiten dazu sorgen.

„Herr, wir fahren für Dich", sagte ich. „Ich bin um Deiner Sache willen unterwegs und zu Deiner Ehre. Deshalb ist es gleich, ob ich das Flugzeug bekomme und rechtzeitig die Versammlung erreiche oder nicht. Es liegt in Deiner Hand, Herr." Ich fuhr fort: „Wenn es nach mir geht, Herr, dann kehre ich ebenso gern um und krieche wieder ins Bett. Ich könnte ohne Schwierigkeiten noch bis Mittag schlafen. Wenn Du nicht möchtest, daß ich die Reise unternehme, dann ist es mir recht."

Durch dieses Gebet bekam ich mit einemmal Abstand von der Sorge um die schnell vergehende Zeit. Und als ich erst mein *selbstsüchtiges* Beteiligtsein abgeschüttelt hatte, erlebte ich wieder die Wahrheit von Matthäus 18, 18: „Alles, was ihr auf Erden löst, wird auch im Himmel gelöst sein." Ich hatte meine Besorgnis losgelassen und in Seine Hand gelegt. Das hieß, daß Gott die Dinge nun so regeln konnte, wie Er es wollte. Es ist, als ob Gott sagen wollte: „Na gut, kleiner Priester. Sorge dich darum, solange du glaubst, damit etwas zu erreichen. Aber wenn dir die Dinge über den Kopf wachsen wollen, dann lege einfach alles in Meine Hände."

Nachdem mein Pastor und ich das Verkehrsproblem in Jesu Hand gelegt hatten, saßen wir für weitere 20 Minuten dort auf der Autobahn. Wir steckten äußerlich in einem totalen Stop, doch im Geiste kamen wir dem Himmel immer näher. Halleluja! Wir wußten, daß wir noch durch die ganze Stadt, am Kapitol vorbei, fahren mußten, um zum Flugplatz zu kommen. Und schon jetzt bestand normalerweise eigentlich keine Möglichkeit mehr, die Maschine noch zu erreichen. Und der Zeiger rückte unaufhaltsam immer weiter vorwärts. 30 Minuten waren mittlerweile schon vorbei. Dann 35.

„Herr“, bat ich, mit meiner Bibel in der Hand, „hast Du vielleicht für uns jetzt noch ein besonderes Wort? Wenn ja, dann zeige es uns bitte.“ Meine Bibel öffnete sich beim 107. Psalm, und ich begann zu lesen: „Danket dem Herrn, denn Er ist freundlich, ja, ewiglich währt Seine Gnade.“

Da wir nicht nur Hörer, sondern Täter des Wortes sein wollten, sagten wir: „Herr, wir danken Dir, daß Du zu uns so gut bist – auch hier, mitten im Verkehrsstau. Wir wissen ja, Du kannst auch diese Lage zum Guten mitwirken lassen. Wir preisen Dich, daß Deine Güte nie aufhört, sondern ewiglich währt.“

„Das stimmt“, fügte Peter noch hinzu. „Und darüber bin ich besonders froh, denn wir könnten gerade jetzt ein wenig von dieser Güte für uns brauchen.“

Meine Maschine sollte 8.05 Uhr starten, und es war nun schon nach 7 Uhr. Es war nur natürlich, wenn wir unruhig geworden wären. Doch Gott hielt uns in Seinem Geist geborgen, und dieser sagte fortwährend zu uns: „Preist Jesus und fahrt fort, dies zu tun.“ Nun, wir taten es, und ich las den nächsten Vers: „So sollen die vom Herrn Erlösten sprechen!“

Peter schaute mich an und ich ihn, und wir riefen gemeinsam: „Halleluja! Wir sind Erlöste! Preis sei dem Herrn!“ Die Situation um uns herum schien sich zwar noch zu verschlimmern, doch wir fühlten uns erlöst mitten in dem Verkehrsstau. Ich las weiter: „Die Er befreit hat aus Drangsal und die Er gesammelt aus den Ländern vom Aufgang her und vom Niedergang, vom Norden her und vom Meer.“

Sicherlich hatten auch wir uns in diesem Stau aus allen Himmelsrichtungen versammelt, und es schien nicht weitergehen zu wollen. Einige Fahrer hatten in Verzweiflung und Enttäuschung ihre Wagen schon auf den Grasstreifen gefahren. Wenn ich mich umschaute, stellte ich fest, daß die Insassen der Autos ziemlich ärgerlich und verdrossen ausschauten. Doch in mir konnte sich kein Ärger breit machen.

„Ich frage mich, wie viele Königskinder, die auch den Herrn preisen, in dieser Menschenmasse hier um uns herum sitzen?“ meinte Peter.

„Ich kenne mindestens zwei", sagte ich ihm. „Aber sonst kann ich keine weiteren entdecken. Die anderen sehen alle aus wie verärgerte Heiden. Wenn sie uns beobachten, werden sie vielleicht denken, wir seien zwei Halbverrückte."

„Ja, bei denen eine Schraube locker ist", sagte Peter. Ich mußte ihm zustimmen.

Als ich fortfuhr, den Psalm zu lesen, wurden wir an eine andere Gelegenheit erinnert, als Königskinder in Schwierigkeiten waren: „Sie wanderten umher in der Wüste, der Öde, und fanden den Weg nicht zu einer Wohnstatt." Sieh her, das waren genau wir. Wir konnten unseren Weg auch nicht mehr finden, er war verstopft. „Herr", sagten wir, „das stimmt. Wir kommen auch nicht in die Stadt hinein und dann auf die andere Seite, auch wenn wir gerne möchten."

„Lies weiter." Ich tat es: „Gequält vom Hunger und vom Durst, wollte ihre Seele in ihnen verschmachten." Das traf zu. Auch wir waren mittlerweile hungrig und durstig. Keiner von uns hatte Zeit zum Frühstück gehabt. Aber unsere Seelen konnten nicht verschmachten, denn wir priesen den Herrn. Die immer festere Gewißheit, daß ich meine Maschine nicht mehr bekommen konnte, wurde überdeckt von der Tatsache, daß der Heilige Geist uns durch unser Preisen auf eine höhere Ebene gehoben hatte. Wir hatten keine Zeit, uns zu bedauern.

NICHTS REGT UNSER GEBETSLEBEN MEHR AN ALS GROSSE SCHWIERIGKEITEN

„Da schrien sie zum Herrn in ihrer Not", sagte der Psalmist weiter. Ja, Schwierigkeiten hatten wir auch – und wir riefen zum Herrn. Gott hat nicht verheißen, daß wir in keine Schwierigkeiten geraten werden, aber Er hat versprochen, uns aus ihnen zu befreien. Sie können nicht aus etwas befreit werden, wenn Sie nicht erst hineingeraten. Wir hatten Schwierigkeiten, also konnten wir in ihnen Gott erleben.

„Herr, dieses Problem muß irgendwie zum Segen werden, denn Du läßt alle Dinge zum Guten mitwirken. Wir wissen noch nicht, wie Du Dich verherrlichen wirst, Herr, aber wir preisen Dich jedenfalls schon dafür. Dieser Stau ist wohl das, was wir brauchten."

Wozu Schwierigkeiten auch sonst gut sein mögen oder nicht gut sein mögen, sie werden jedenfalls Ihr Gebetsleben anregen. Sie bringen uns dazu, zum Herrn zu rufen. Wir haben Ihn vielleicht die ganze Woche oder schon den ganzen Monat vergessen. Aber wenn Probleme kommen, dann lernen wir wieder beten.

Der nächste Vers war ermutigend: „Und Er leitete sie auf richtigem Wege, daß sie kamen zu einer bewohnten Ortschaft."

„Halleluja, Herr. Wir danken Dir, daß Dein Wort wahr ist. Es sieht so aus, als gäbe es auch für uns keinen Weg aus dem Stau heraus. Doch wir preisen Dich, daß Du einen hast." Das waren erfreuliche Verheißungen, die uns dazu brachten, den Herrn noch mehr zu preisen. „Herr, wir preisen Dich, daß Du so gut bist und daß Du uns Gutes tust. Auch wenn hier alles schief geht, Herr, wollen wir Dich doch preisen."

Menschliche Vernunft war nicht gerade unser Ratgeber an diesem Morgen. Die hätte uns nämlich gesagt: „Ihr verblendeten Idioten, könnt ihr denn nicht sehen, in welcher Lage ihr seid? Ihr hättet statt dessen doch Grund zu klagen, zu schimpfen, euch zu ärgern und zu bedauern und wütend zu werden. Die ganze Preis-und-Halleluja-Sache ist doch lächerlich. Ihr macht ja Narren aus euch selbst."

Doch wir wollten nicht das Zweitbeste für uns, das, was aus menschlichem Verstand kommt, sondern wir wollten den Segen, der uns aus Gottes Weisheit zufließt. Also hielten wir an Seinem Wort fest und lasen weiter: „Die mögen dem Herrn danken für Seine Güte und für Seine Wundertaten an den Menschenkindern, daß Er die lechzende Seele gesättigt und die hungernde Seele gefüllt hat mit Labung."

Wir priesen den Herrn für Seine Gnade und auch für alles Gute, was Er uns noch tun würde, auch wenn wir es jetzt noch nicht sehen konnten. Doch wir durften fest damit rechnen.

„Die da saßen in Finsternis ...“ Das waren wir. Es war ein trüber Tag und wollte kaum hell werden.

„... und Todesnacht.“ Das waren wir auch. Die Sirenen der Ambulanzen und Streifenwagen bewiesen es.

„Gefangen in Elend und Eisenbanden.“ Das stimmte. Wir waren gefangen in einer riesigen Karawane aus Eisen und Blech.

Meine Augen fielen auf den 13. Vers: „Da schrien sie zum Herrn in ihrer Not, und Er errettete sie aus ihren Ängsten.“ Ich hob die Bibel hoch und rief: „Halleluja, Herr. Wie wirst Du uns aus diesen Schwierigkeiten herausbringen? Herr, Du hast es hier niedergeschrieben. Danke, weil Du es tun wirst.“ Ich schloß die Bibel und begann zu singen. Peter neben mir war vor lauter Freude im Herrn kaum noch ansprechbar.

In diesem Augenblick fuhr ein Engel in Polizeiuniform auf dem Grasstreifen an uns vorbei und begann, die Autos der Reihe, in der auch wir standen, zu einer kleinen Notausfahrt rechts vor uns zu winken. „Herr“, sagten wir, „danke, daß es wieder vorwärts geht. Aber wir wissen nicht, wo wir auf dieser Nebenstraße hinkommen. Wir wissen nicht einmal, wo wir sind.“

Wir hatten keine Straßenkarte dabei, doch Jesus fuhr mit uns, und das ist mehr als jede Landkarte. Dann sahen wir ein Stück weiter unten einen anderen Mann in Uniform stehen. „Wo geht es zum Flughafen?“ riefen wir ihm zu.

„Zweite Abzweigung rechts!“ Sieben Minuten vor dem Start saß ich in der Maschine. Ich weiß nicht, ob der Herr den Weg abkürzte oder die Zeit verlängerte, aber ich weiß, daß Er beides tun kann. Meine Uhr hatte gesagt: Es gibt keine Möglichkeit mehr, das Flugzeug zu erreichen. Doch ich schaffte es trotzdem noch – und hatte noch Zeit über. Frühstück wurde in der Maschine serviert.

Was ist zu tun, um die Ernte all der Verheißungen Gottes

auch einzubringen? Wir müssen Lobpreis aussäen, Lobpreis pflegen und Lobpreis wachsen lassen. Gott erwartet, daß wir Ihn mit jedem Atemzug preisen, damit Er uns bei jedem Atemzug segnen kann. So wie der Lobpreis uns eine Straße zum Flughafen öffnete, so öffnet Lobpreis auch eine Straße zu den Segnungen Gottes, die Ihr Leben reichlich durchfließen sollen. Dies ist die Lebensweise eines Königskinds. Lobpreis kann Verlierer zu Überwindern und Siegern machen.

Haben Sie schon erfahren, wieviel Gutes Ihnen aus dem Lobpreis zufließen kann? Welch ein Segen es ist, alle Dinge in Gottes Hand zu legen und Ihm dafür zu danken? Wenn Sie dies noch nicht erlebt haben, dann können Sie das gerade jetzt ändern, indem Sie beginnen, ganz auf Jesu Willen einzugehen.

Herr, dies alles scheint mir etwas über menschliches Verständnis hinauszugehen. Aber ich bin bereit zu lernen und mich als rechtes Königskind vom Heiligen Geist unterweisen zu lassen.

Danke Herr, daß Du mich vor Grundlegung der Welt schon erwählt und berufen hast. Danke für alles, was Du bisher in meinem Leben zugelassen hast, auch wo es mir nicht gefiel. Danke, daß Du mich dazu befähigen kannst, alles loszulassen, was ich bisher noch festgehalten habe, und es in Deine Hände zu legen, damit es mich nicht mehr hindert, Deinen Segen zu empfangen.

Danke Herr, denn Du bist immer würdig, unseren Lobpreis zu empfangen, ganz gleich, wie die Umstände sind. Danke Herr, denn Du bist in allem, was Du in meinem Leben zuläßt, Herr der Situation.

Gerade jetzt übergebe ich Dir alles, was ich bisher noch festgehalten habe. Ich danke Dir, daß ich nur Verwalter zu sein brauche und nur darauf achten muß, Deinen Willen zu tun und treu zu sein. Danke Herr, daß Du uns Deinen Glauben gegeben hast, durch den wir leben können. Und ich danke Dir besonders dafür, daß Du mir so viel Freude schenkst, daß ich Dich mit jedem Atemzug preisen möchte. Amen.

12

Sieger über ein falsches Urteil

Freuet euch im Herrn allezeit! Noch einmal wiederhole ich's: Freut euch! (Philipper 4, 4).

Der Geist Gottes, des Herrn, ruht auf mir, weil der Herr mich gesalbt hat, um den Elenden frohe Botschaft zu bringen; Er hat mich ja gesandt, um die, welche gebrochenen Herzens sind, zu verbinden, den Gefangenen die Freilassung anzukündigen und den Gebundenen die Entfesselung (Jesaja 61, 1).

In unserer Stadt mußte ein Mann vor das Gericht. Die Jury sprach ihn schuldig, und der Richter verurteilte ihn zu 20 Jahren Gefängnis. An dem Abend, nachdem er eingesperrt worden war, kam seine Frau in unsere Bibelstunde. „Ich habe niemand, zu dem ich gehen kann", sagte sie. „Unsere Familie ist zerbrochen, unsere Kinder werden verspottet. Das Leben ist für uns alle ruiniert."

Sie war überzeugt von der Unschuld ihres Mannes. Doch der Fall war schon durch alle Instanzen verhandelt worden, und das Obergericht hatte den Urteilsspruch der niederen Instanzen bestätigt. Deshalb gab es keine gesetzlichen Möglichkeiten mehr, die Sache wieder aufzunehmen.

„Glauben Sie, daß Gott etwas tun kann, um uns zu helfen?" fragte sie verzweifelt.

„Es gibt nur eine Möglichkeit, dies herauszufinden", antworteten wir. „Wir wollen dafür beten."

Sie schien damit einverstanden. Wir beteten mit ihr. Sie übergab ihr Leben Jesus und wurde getauft mit dem Heiligen Geist. Sie wurde mit solcher Freude erfüllt, daß sie laut Gott pries, obwohl ihr Mann für so lange Zeit eingesperrt war, daß darüber wohl die halbe noch verbleibende Lebenszeit vergehen würde.

„Sie sind nun im Besitz aller Vorrechte, die einem Königskind zustehen", erklärten wir ihr.

„Was habe ich zu tun, um sie zu erlangen?" fragte sie.

„Sie müssen nur fortfahren, Gott zu preisen", sagten wir. „Preisen Sie Ihn, weil Er das von uns fordert. Preisen Sie Ihn, weil Er so gut zu uns ist. Und wenn Sie einmal dabei sind, können Sie Ihn auch gleich noch für die notvolle Lage preisen, in der Sie sich befinden."

„Ich soll Ihn preisen für die Not?" fragte sie. „Da würde ich mir doch vorkommen wie eine Heuchlerin."

„Es kommt, wenn wir Gott preisen, nicht so sehr darauf an, wie wir uns fühlen", erklärten wir ihr. „Er sagt, wir sollen Ihn einfach preisen. Ganz gleich, wie wir fühlen. Er liebt unseren Lobpreis so sehr, daß Er darin wohnen will. Wenn wir Ihn nicht preisen, geben wir Ihm nicht genug Raum in unserem Leben."

„O", unterbrach sie mich, „das möchte ich auf keinen Fall." Und dann begann sie zu beten: „Herr, ich preise Dich auch für die Notlage, in der wir uns befinden. Jesus, ich danke Dir für alles."

„Das scheint uns ein wirklich guter Anfang zu sein", ermutigten wir sie. „Halten Sie nur daran fest und lassen Sie nicht nach." Sie tat so, und deshalb konnte der Heilige Geist sie immer weiter in die Gegenwart Gottes hineinführen. Man konnte bald spüren, daß jedes Wort, das sie sagte, aus ihrem tiefsten Herzen kam.

GEMÜTSRUHE HABEN HEISST GETROST SEIN, AUCH WENN MAN ZU UNRECHT BESCHULDIGT WIRD.

Manchmal müssen wir damit beginnen, daß wir uns zum Lobpreis Gottes überwinden. Wenn wir durch einen Akt unseres Willens damit fortsetzen, werden wir mehr und mehr davon ergriffen, bis uns der Lobpreis von unserem Mund, über unsere Brust, bis hinunter zu unseren Fußsohlen einschließt und wir uns fühlen, als sollten wir im Geiste tanzen. Und wenn dann alles, was in uns Odem hat, den Herrn preist, wächst unser Glaube mehr und mehr. Die Frau, deren Mann im Gefängnis saß, wurde durch ihr Lobpreisen von einem solchen Glauben ergriffen, daß sie überzeugt davon war, Gott sei alles möglich. Anstatt sich zu fragen, ob Gott ihr helfen könnte, war sie mutig genug, um etwas zu bitten, was uns ganz eindeutig unmöglich erschien. Sie sagte: „Könnten wir Gott darum bitten, daß Er meinen Mann zum Erntedankfest wieder aus dem Gefängnis herausbringt?“

Es war schon Oktober, und wir wußten, daß von menschlicher Seite nichts mehr getan werden konnte, ihn vor Ablauf seiner Strafe in zwanzig Jahren wieder frei zu bekommen. Doch sie wollte ihn in einem Monat wieder frei sehen. *Konnten* wir beten, daß Gott ihn zur rechten Zeit aus dem Gefängnis holte, damit er zum Erntedankfest bei seiner Familie war? Nun – warum nicht?

„Wir haben einen großen Gott“, stimmten wir zu. „Also wollen wir mit einer großen Bitte zu Ihm kommen.“

Die Frau setzte sich zögernd wieder auf ihren Stuhl. Wir legten ihr die Hände auf, auch recht zögernd, denn wir wußten, wie groß unsere Bitte war. Der Mann war zu 20 Jahren Gefängnis verurteilt worden, und alle Möglichkeiten auf Wiederaufnahme der Sache waren schon erschöpft. Doch wir beteten. Und Gott hörte uns.

„Haben Sie den Mut, Gott zu preisen ohne Aufhören?" fragten wir die Frau.

„Sagt das die Bibel?" wollte sie wissen. Ein Blick auf 1. Thessalonicher 5, 16–17 überzeugte sie, daß es so geschrieben stand. „Aber wie kann ich ohne Aufhören beten?" meinte sie. „Mir werden die Worte ausgehen."

Wir legten ihr nochmals die Hände auf, und sie begann in neuen Zungen zu beten. Und so erlebte sie, daß ihr der Heilige Geist nun Worte eingab, die sie beten konnte. Auch wenn sie selbst diese nicht verstand, so wußte doch Gott, was sie durch den Geist betete. „Können Sie jetzt Gott allezeit preisen und Ihm auch dafür danken, daß Ihr Mann im Gefängnis ist und menschlich keine Aussicht besteht auf seine Befreiung?" fragten wir. Sie schien dazu entschlossen; und mit kindlichem Glauben sagte sie: „Da Gott es so sagt, will ich es tun."

Es mag recht hart erscheinen, in allen Dingen Gehorsam zu lernen. Doch wenn Königskinder es tun, fließt ihnen dadurch reichlich Segen zu.

Für die nächsten zwei Wochen ließ die Frau nicht nach, Gott zu preisen ohne Unterlaß. Am Ende der zweiten Woche wachte der Richter, der ihren Mann verurteilt hatte, mitten in der Nacht auf. Er war sehr nervös und konnte nicht wieder einschlafen. Er machte sich Sorgen über die Entscheidung, die er kürzlich getroffen hatte. Deshalb stand er auf, schlüpfte in die Hausschuhe, zog den Morgenmantel an und ging in sein Arbeitszimmer. Er hatte immer Duplikate der Akten jener Fälle daheim, die er kürzlich erst abgeschlossen hatte oder noch bearbeitete. Er nahm sich den Ordner mit den Akten des Falles vor, der ihm Sorgen machte, und las nochmals sorgfältig die Unterlagen. Dann kam er zu der Überzeugung: „Ich habe hier eine falsche Entscheidung getroffen und muß die Sache wieder in Ordnung bringen."

Einige Tage später wurde der Fall auf seinen Antrag hin wieder aufgenommen. Fred wurde von jeder Schuld freigesprochen und aus dem Gefängnis entlassen. Er war nicht *zum* Erntedankfest daheim, sondern schon *vor* dem Erntedankfest.

Haben Sie je schon daran gedacht, Gott auch für die hoffnungslosen Situationen in Ihrem Leben oder im Leben anderer zu preisen? Oder sind Sie zu sehr mit Ihrem Selbstmitleid beschäftigt, um diese Gottes Kraft freisetzende Möglichkeit zu erkennen? Wenn Sie sich bisher immer mit dem Zweitbesten zufrieden gegeben haben, sollten Sie dies ändern und nach dem Besten streben, das nur Gott geben kann, indem Sie Ihn immerfort preisen, und zwar auch für die Dinge, die Ihnen nicht gefallen.

O Herr Jesus, es ist gut, Deinen Namen zu preisen. Vergib mir, daß ich so wenig von dieser Möglichkeit Gebrauch mache.

Ich danke Dir, weil Du vergibst. Habe auch Dank für die himmlische Sprache, die Du mir gegeben hast, als Du mich mit dem Heiligen Geist tauftest. Danke für alles, was Du mir bist und gibst. Und jetzt, Herr, preise ich Dich auch für gerade das, was mir bisher in meinem Leben die größten Schwierigkeiten gemacht hat. Ich danke Dir und preise Dich für . . . (nennen Sie hier mit Namen, worum es da in Ihrem Leben geht). Ich danke Dir, daß Du mich frei machst von allen Sorgen über diese Dinge. Du wirst selbst etwas dafür tun zur Verherrlichung Deines Namens. In Jesu Namen. Amen.

13

Sieger über Leberzirrhose und Kleinglauben

Bekennet also einander die Sünden und betet füreinander, damit ihr Heilung erlangt (Jakobus 5, 16).

Denen aber, die zum Glauben gekommen sind, werden diese Wunderzeichen folgen: In Meinem Namen ... werden sie Kranken die Hände auflegen, und sie werden gesund werden (Markus 16, 17–18).

Vor einigen Jahren waren wir einmal zum Beten und Bibellesen zusammengekommen. Wir waren acht Personen. Einer von uns, Jim, sagte: „Laßt uns doch heute abend einen Heilungsgottesdienst haben." Wir waren fast alle zu träge zu echten Zweifeln, hatten aber doch ein klein wenig Vernunft. Und die genügt ja manchmal, um das, was Gott tun will, zu verzögern.

„Ist jemand hier, der Heilung nötig hat?" fragte Jim.

Einer der Anwesenden hob die Hand und rief: „Ja, ich!"

Jim forderte ihn auf, sich auf einen Stuhl zu setzen, der ein wenig extra stand, und sagte dann: „Kommt, Freunde, wir stellen uns jetzt um unseren Bruder und tun genau das, was Markus 16 sagt. Die vier Dinge, die es bedarf, damit Gott eine

Heilung schenken kann, sind: ein Glaubender, ein Paar Hände zum Auflegen, ein Kranker und der Name Jesu. Wir haben dies alles hier beisammen und wollen Gott vertrauen. Unser kranker Freund wird geheilt werden."

In der Anfangszeit meines Christenlebens verließ ich mich oft noch auf meinen eigenen „gebildeten Idiotenkasten" (den Verstand – die Red.) und machte die Dinge damit nur gefährlich. Ich war auch mit der Theologie in Berührung gekommen, die sagt, daß Gott früher zwar wunderbare Dinge getan hat, daß diese Wunder aber mit Petrus und den anderen Aposteln aufgehört haben. Aus diesem Grunde konnte ich dem, was Jim jetzt tat, nicht ganz zustimmen, sondern hatte Einwände.

„Aber Jim", argumentierte ich. „Wie steht es denn mit dem Glauben? Müssen wir nicht auch einen großen Glauben haben?" Ich wußte, daß Gott heute noch heilte. Mein eigener Rücken war in einer Oral-Roberts-Zeltversammlung geheilt worden. Aber ich war sicher, daß Oral Roberts Glaube damit eine Menge zu tun gehabt hatte. Und ich war genauso sicher, daß Oral eine Menge mehr Glauben hatte als ich.

„Lies nach", sagte Jim und zeigte auf die offen daliegende Bibel. „Wird etwas von besonderem Glauben gesagt?"

Ich las: „Denen aber, die zum Glauben gekommen sind, werden diese Wunderzeichen folgen: In Meinem Namen ... werden sie Kranken die Hände auflegen, und sie werden gesund werden."

„Ist hier der Glaube besonders erwähnt?" fragte er wieder. „Steht dort, daß der gläubig Gewordene ein besonderer geistlicher Riese sein muß, damit eine Heilung geschieht?"

„Das nicht", mußte ich zugeben. „Aber in anderen Bibelstellen ist auch vom Glauben die Rede."

„Sicher", meinte er. „In anderen Bibelstellen ist auch von Fliegen, Mücken, Fröschen und den anderen ägyptischen Plagen die Rede. Aber davon sagt Jesus hier nichts. Er fordert vielmehr die Gläubigen schlicht und einfach auf, den Kranken die Hände aufzulegen, dann sollen diese gesund werden. Möchtest du nun helfen oder nicht?"

„Aber Herr“, argumentierte ich in meinem Inneren. „Was ist, wenn wir ihm die Hände auflegen, mit ihm beten, und er wird nicht gesund?“

„Geht es dir um dein Ansehen – oder um Meines?“ hörte ich eine Stimme in mir fragen. Ich hatte nicht den Mut, diese Frage zu beantworten. Ich sah noch einen anderen Ausweg für mich. Ich trat einige Schritte zurück und sagte leise zu Jim: „Es tut mir leid, aber ich kann es nicht tun. Ich fühle mich nicht würdig genug dazu.“

DIE THEOLOGIE LEHRT DAS, WOVON MENSCHEN DENKEN, DASS GOTT ES TUN KÖNNTE

Doch Jim reagierte anders, als ich dachte. Er meinte lachend: „Es ist gut, daß du das weißt. Keiner von uns ist würdig. Wir rechnen damit, daß Jesus würdig ist, nicht wir selbst.“ Er wies mich auf die Schriftstelle hin, die am Ende des ersten Kapitels im 1. Korintherbrief steht. Ich ersah daraus, daß Jesus meine Weisheit, meine Gerechtigkeit, meine Heiligung und meine Erlösung ist. Ich erkannte daran, daß es nur einen gab, auf den ich mich verlassen konnte: auf Jesus. Ich war aber immer noch so zögernd, daß Jim meine Hand ergriff und sie gemeinsam mit seiner auf den Kranken legte.

Unser Patient war ein großer Mann mit einer weit fortgeschrittenen Leberzirrhose. „Glauben Sie, daß Gott Zirrhose heilen kann?“ meinte er, als ich aufgehört hatte, zu argumentieren.

„Wir wissen es nicht“, antwortete Jim. „Aber wir werden es bald erfahren.“ Sogar mir war klar, daß wir, wenn die Zirrhose wegging, sagen konnten, daß Gott auch einfache Gläubige als Werkzeuge bei Heilungen gebraucht. Die Zirrhose des Mannes war so fortgeschritten, daß sie sich unter seinem Hemd wie eine

Melone wölbte. Er hatte die Hände über dem Klumpen gefaltet und wartete.

„Du hast noch nie gehört, daß eine Zirrhose geheilt worden wäre, oder?" flüsterte der Teufel mir zu und erinnerte mich daran, daß er auch anwesend war.

„Nein, ich glaube nicht", dachte ich. „Aber . . ."

„Wenn ich du wäre, würde ich mich fern halten. Ich würde nicht für einen hoffnungslos Kranken beten. Warum hast du dich überreden lassen?" bohrte er weiter.

„Ich habe Mut durch die Bibel gefaßt", antwortete ich im stillen. „Ich kann lesen. Wenn nichts geschieht, kannst du ein Zeugnis ablegen. Aber geschieht etwas, werde ich es tun."

Jim spürte wohl den Kampf in mir und sprang ein, um die Sache zu entscheiden. Er sagte in gebieterischem Ton: „Alter Feind, wir werden jetzt mit dem Kranken beten, und du machst dich besser davon. Unser Gott versagt nicht."

Dann legten wir alle die Hände auf den Kranken und beteten schlicht: „Sei geheilt im Namen Jesu Christi."

Es gab kein Schütteln, Springen, Schreien, Stöhnen noch sonst etwas. Es war allerdings auch nicht zu sehen, daß etwas geschehen wäre. Doch dies war nicht unsere Sache. Wir waren Gottes Wort gehorsam gewesen, und das Ergebnis, wenn es eines gab, mußte Gott wirken.

Unser Patient schaute während des weiteren Abends einigemale auf die ihm so vertraute Wölbung. Doch es war keine Änderung zu bemerken. Als er heimging, war er offensichtlich noch in demselben Zustand, in dem er gekommen war. Und eigentlich war auch niemand von uns überrascht, nur ein wenig enttäuscht.

Doch am nächsten Abend rief er jeden von uns an. Ich weiß allerdings nicht genau, warum er eigentlich das Telefon benutzte. Er schrie nämlich so laut, daß man ihn mindestens in der halben Stadt hören mußte. „Es ist fort! Es ist fort!" rief er.

„Was ist fort?" Im ersten Augenblick fragten wir uns, ob wir ihm helfen sollten, nach etwas Verlorenem zu suchen.

„Meine Zirrhose! Sie ist verschwunden!"

Er hatte 50 Jahre Whisky getrunken, bis das Ding so groß geworden war, und nun war es in 24 Stunden verschwunden. Halleluja!

„Aber warum hat es einen ganzen Tag gebraucht, um zu verschwinden?“ fragte mich ein Arzt, als ich ihm die Sache erzählte. „Warum nahm es Gott nicht sofort weg, als Sie beteten?“

„Königskinder sind Reporter, keine Erklärer“, antwortete ich. „Für uns genügt es, daß Gott Seine Versprechungen hält und Seine Kinder heilt. Wenn Sie außerdem einmal bedenken, daß Gott neun Monate vorgesehen hat, damit in einem Kind sich auch die Leber richtig ausbildet, dann sind 24 Stunden gar nicht so schlecht, um die Leber eines ausgewachsenen Mannes wieder in Ordnung zu bringen.“

Wie ist es mit Ihnen? Haben Sie je darüber nachgedacht, der Bibel zu gehorchen und mit den Kranken zu beten, damit sie gesund werden? Ich habe früher nie an so etwas gedacht. Ich habe nicht einmal darum gebeten, daß für mich selbst gebetet wurde.

Herr, ich bekenne, daß ich Deinem Wort nicht immer gehorsam gewesen bin und bitte Dich, mache mich gehorsamer, so daß Du mich für andere zum Segen machen kannst und zu einem Kanal, durch den Deine Kraft fließt.

Danke Herr, daß Du mich gebrauchen willst. Hilf mir, immer für Dich da zu sein, wenn Du mich brauchst. In Jesu Namen. Amen.

14

Sieger über einen Pfändungsbeschluß

Fürchtet euch nicht! Haltet nur stand, so werdet ihr sehen, welche Rettung euch der Herr heute noch schaffen wird! ... Der Herr wird für euch streiten, verhaltet ihr euch nur ruhig (2. Mose 14, 13–14).

Und jeder, der um Meines Namens willen Brüder oder Schwestern, Vater oder Mutter, Weib oder Kinder, Äcker oder Häuser verlassen hat, wird viel mal Wertvolleres empfangen und ewiges Leben erben (Matthäus 19, 29).

Wir hatten in unserer Gemeinde eine feine Familie – Don, seine Frau und drei Töchter –, die von der Zeit an, als Don sich zu Jesus bekehrte, von vielen Schwierigkeiten angefochten wurden.

Dies geschieht oft. Ein Mann entscheidet sich für Jesus und betet: „Herr, gebrauche mich", und sofort kommen alle möglichen Probleme und Widerwärtigkeiten in sein Leben.

Ist das Zufall? O nein. Gott erhört das Gebet: „Herr, gebrauche mich", und läßt manches kommen, um uns brauchbar zu machen. Wir werden erst richtig brauchbar, wenn wir selbst auf vielerlei Weise erleben, was Gott für uns tun kann; wie Er mit Seiner Kraft in uns Schwachen mächtig sein kann. Wenn Sie erleben, wie Gott in Ihrem Leben das Unmögliche besiegt, können Sie solches anderen bezeugen. Wenn wir selbst mit Seiner Hilfe durch manches Feuer gegangen sind, können wir andere besser verstehen. Paulus sagt in 2. Korinther 1, 3–4: „Gepriesen sei Gott ... der uns in aller unserer Trübsal tröstet, damit wir dann alle, die sich in irgendeiner Trübsal befinden, mit Trost zu erquicken vermögen, mit dem wir selbst von Gott getröstet werden."

Nicht lange, nachdem Don gerettet wurde, erlebte er, wie Gott inmitten echter Not trösten kann. Er hatte vor kurzer Zeit einen Kaufvertrag für ein sehr schönes Haus am Severn-Fluß nahe Annapolis unterschrieben. Das Abbezahlen würde ihm nicht schwerfallen. Er war ein begabter junger Mann mit einer sehr guten Ausbildung und bei bester Gesundheit und hatte eine ausgezeichnete Arbeitsstelle mit hervorragenden Aufstiegsmöglichkeiten. Seine Frau war ebenfalls berufstätig, und so erfreuten sie sich nicht geringer Wohlhabenheit.

Doch eine Woche nachdem Don den Kaufvertrag unterschrieben hatte und in das Haus eingezogen war, verlor er seinen Arbeitsplatz. Drei Jahre suchte er überall nach Arbeit und fand keine. In der Zwischenzeit blieb er mit den Ratenzahlungen für das Haus immer weiter zurück. Endlich geschah das Unabwendbare. Die Gläubiger ließen sich der rückständigen Raten wegen das Haus gerichtlich übereignen und setzten eine Anzeige in die Zeitung, daß es versteigert würde. Die Versteigerung sollte am 13. Januar auf den Stufen des Gerichts stattfinden.

Nun kam also zu allem anderen auch noch die Demütigung einer öffentlichen Versteigerung. Doch Don und seine Familie waren nicht niedergeschlagen, sie hatten gelernt, Gott für alles zu preisen.

RUHE IST GELÖSTSEIN VOM BESITZ

Als einige von uns mit Don beteten, weil der Tag der Versteigerung immer näher rückte, erhielten wir durch den Dienst der Geistesgaben eine Prophezeiung. Es wurde darin versprochen, daß trotz der so schrecklichen Lage Gott dadurch verherrlicht würde und alle Beteiligten als Sieger daraus hervorgehen würden. Ich hörte die Prophezeiung und glaubte sie, denn es war ein klares Wort von Gott. Doch im Inneren fragte ich mich, wie Gott die ganze Sache noch aus dem Feuer reißen wollte. Alles, was damit zusammenhing, sah ziemlich hoffnungslos aus. Es war kein Weg zum Sieg zu erkennen, es sei denn, Gott würde etwas ganz Besonderes tun.

Wenn ich auch nur im Entferntesten geahnt hätte, was das Besondere an dem Tag der Versteigerung sein würde, wäre ich wahrscheinlich daheim geblieben, wo ich in Sicherheit war. Aber ein halbes Dutzend von unserem Gebetskreis hatten sich vorgenommen, am Tage der Versteigerung auch auf den Stufen des Gerichts anwesend zu sein, um Don und seiner Familie Trost geben zu können. Ich war unter diesem halben Dutzend.

Der Versteigerungstag wurde der schlimmste des ganzen Winters. Es schneite, graupelte und regnete. Der Wind stürmte und heulte. Alle Arten von Übel, die das Wetter zur Verfügung hatte, schüttete es über uns aus. Wir erfuhren später, daß dieser Hagel- und Schneesturm nur auf unsere Stadt beschränkt war. Er schien irgendwie die Folge unserer Gebete zu sein.

Das Ergebnis dieses Wetters war, daß keiner der Kaufinteressenten zur Versteigerung kam. Eigentlich konnte dies gar nicht sein, denn das angebotene Grundstück war erstklassig. Es lag direkt am Wasser, mit einem Bootshaus mit knapp drei Meter Wassertiefe, einer Tiefgarage, großen Räumen und einem sehr schönen Kamin, rund 100 Meter Wasserfront, in herrlicher Landschaft gelegen, und alles in Haus und Grundstück war hundertprozentig in Ordnung. Es war genau das Grundstück, nach dem sich viele Leute die Finger leckten, aber niemand hatte den Mut gehabt, dem Sturm zu trotzen.

Doch der Auktionator war erschienen und begann genau 11 Uhr vor uns wenigen Leuten, die sich versammelt hatten, mit der Versteigerung. Des schlimmen Wetters wegen mußten wir von den Außenstufen weichen und waren in der Halle des Gerichts. Unser Pastor und wir anderen standen angesichts einer sicheren Niederlage da und priesen Gott für den Sieg, den wir nirgendwo sehen konnten.

Außer dem Mann, auf dessen Namen die zweite Hypothek auf das Haus eingetragen war, war niemand da, der ein Gebot für das Grundstück machen wollte. Dieser Mann selbst bot nur um der Sache willen magere 1000 Dollar. Der Auktionator rief: „1000 Dollar zum Ersten! 1000 Dollar zum Zweiten! . . ."

„Herr", protestierte ich im stillen, „das können sie doch nicht tun. Du kannst nicht zulassen, daß sie das Grundstück an sich reißen, praktisch für nichts, und daß Don sein Leben lang an diesen Schulden zahlen muß."

Da war mir, als ob der Herr sagte: „Das ist richtig, Hill. Was glaubst du denn, warum Ich dich hierher gebracht habe an diesem häßlichen Tag. Beginne zu bieten!"

Es war keine Zeit mehr zu argumentieren. Der Auktionator würde in der nächsten Sekunde abschließen.

„Fünf", hörte ich mich selbst sagen und erschrak. „Herr, das sind jeweils Tausender, über die hier geredet wird, und ich brauche dieses Grundstück gar nicht . . ."

Gott stimmte mir innerlich zu. „Du brauchst es nicht, das stimmt. Aber Ich brauche es – für Don, damit er mit seiner Familie darin wohnen kann. Ich möchte, daß du für Mich bietest, Hill." Jetzt hatte ich keine Wahl mehr. Ich entspannte mich und bot für den Herrn.

Als es vorbei war, wandte ich mich an einen Freund, der Rechtsanwalt ist, und fragte ihn: „Was habe ich jetzt eigentlich genau getan?"

„Du hast ein am Wasser gelegenes Grundstück mit Haus, das

150 000 Dollar wert ist, für 100 000 Dollar ersteigert, um es genau zu sagen."

„Habe ich das wirklich getan?"

„Ja – und es wird gut sein, wenn du dich jetzt zu deiner Bank auf den Weg machst, um einen gedeckten und bestätigten Scheck über diese Summe zu beschaffen. Der Auktionator wird nicht zu lange warten wollen . . ."

Ich war gerade dabei, ein Firmengrundstück mit Gebäuden zu verkaufen und hatte zwei Tage vorher eine große Summe als Anzahlung dafür erhalten. Ich hatte mir vorgenommen, noch am Tage der Versteigerung mit meinem Anlageberater zu reden, was ich am besten mit dem Geld anfangen konnte. Doch das war jetzt nicht mehr nötig. Gott hatte mich vorher zu der Versteigerung gesandt, weil Er wußte, daß ich Geld genug flüssig hatte, Dons Haus für Ihn zu kaufen.

Der Auktionator folgte mir in seinem Wagen, und wir erledigten die Formalitäten. Den Rest des Tages verbrachte ich damit, Bankiers, Rechtsanwälten und Grundstücksmaklern von Jesus zu erzählen. Diese Gelegenheit hätte ich nicht gehabt, wäre ich nicht in den Kauf hineingezogen worden.

In weniger als einem Jahr machte Dons Frau eine größere Erbschaft. Dadurch konnten sie mir mein Geld zurückzahlen und den Besitztitel auf das Grundstück wieder erwerben. Was zuerst an jenem furchtbaren Wintertag wie eine Katastrophe ausgesehen hatte, war zu einem Segen geworden, weil Königskinder gewagt hatten, ihrem König zu vertrauen.

Gibt es irgendein Gebiet in Ihrem Leben, das Sie bisher noch nicht an Gott ausgeliefert haben, sondern immer noch selbst festhalten? Sind Sie bereit, es aufzugeben, damit Sie Gottes Segen noch besser erleben können als bisher? Vielleicht ist es das Gebiet Ihres Berufs oder Ihrer Brieftasche oder Ihrer Kinder oder was sonst immer. Legen Sie doch alles Gott hin, Er kann einen besseren Gebrauch von allem machen, als es Ihnen jemals möglich sein wird.

Ja, Herr Jesus, ich bekenne, daß ich noch manche Dinge in meinem Leben für mich zurückgehalten habe, anstatt sie Dir zu übergeben. (Nennen Sie die Dinge beim Namen.) Ich danke Dir, Herr, daß Du mich willig machst, sie gerade jetzt Dir zu übergeben. Nimm mein Haus, meine Familie, mein Geld, nimm alles, was ich mein nenne – mein ganzes Leben, Herr, und gebrauche es zu Deiner Ehre und zum Ruhme Deines wunderbaren Namens. Im Namen Jesu bitte ich es. Amen.

15

Sieger über Reiseprobleme

Fürchtet euch nicht! Haltet nur stand, so werdet ihr sehen, welche Rettung euch der Herr heute noch schaffen wird (2. Mose 14, 13).

Vor mehreren Jahren wurde ich eingeladen, an der „International Christian Leadership Conference“ (etwa: Internationale Konferenz für christliche Führer) in Deutschland teilzunehmen. Ich betete darüber und bekam die Gewißheit, daß ich die Einladung annehmen sollte. Die Reise sollte über Paris nach Wiesbaden in Deutschland gehen, wo ich eine Woche bleiben würde.

Ich buchte den Platz im Flugzeug, brachte meinen Reisepaß in Ordnung und ließ meine Schutzimpfung erneuern, außerdem organisierte ich im Büro alles für eine Abwesenheit von einigen Wochen. Während der Vorbereitungen bekam ich auf einmal ein seltsames Gefühl, als würde nicht alles so glatt gehen, wie ich gedacht hatte. Die Umstände waren so, daß ich meinte, Gott um ein Zeichen bitten zu sollen, damit ich über Gottes Willen Gewißheit bekam. Manche Leute sagen, es sei ein Zeichen geistlicher Unreife, wenn man Gott um ein Zeichen bittet.

Na gut, Sie mögen Gideon und mich also unreife Kinder in Christus nennen, denn wir taten und tun dies.

„Herr", betete ich, „Du weißt, ich möchte Deinen Willen tun, deshalb bitte ich Dich um ein klares Zeichen. Wenn alle Vorbereitungen ohne die geringste Schwierigkeit ablaufen, soll mir dies der Hinweis von Dir sein, daß die Reise in Deinem Willen ist. Doch wenn auch nur die geringste Kleinigkeit geschieht, die etwas ändert, werde ich daran erkennen, daß es nicht Dein Wille ist."

Zwei Wochen vor meiner Abreise nach Paris bekam ich einen Anruf aus Washington. Es war das Büro der Fluggesellschaft Air France. „Wir mußten Ihren Flugplan ändern", hörte ich am Telefon. „Anstatt direkt nach Paris zu gehen, haben wir Ihnen einen Platz freigehalten über Island, dann nach Luxemburg und von dort . . ."

Ich hatte genug gehört. „Streichen Sie meine Buchung ganz", sagte ich. Ich erklärte dem Agenten am Telefon, was ich mit Gott ausgemacht hatte, er schien mich aber nicht zu verstehen.

„Haben Sie Ihre Sinne beieinander?" Die Art, wie er es sagte, war weniger eine Frage als vielmehr eine Feststellung. Na ja, das war sein Problem. Er glaubte wohl, es ginge um eine Wette oder so etwas Ähnliches.

„So könnte es wirklich für manche aussehen", gab ich zur Antwort. Doch wenn ich mich nicht an das hielt, was ich mit Gott abgesprochen hatte, konnte ich vielleicht unterwegs ganz festliegen. Das hatte es schon gegeben. Satan sorgte schon dafür, daß ich mich selbst als kompletter Idiot fühlte. Alle Buchungen und Vorbereitungen waren getroffen, und Hill sagte alles wieder ab. „Hill, du bist ein Narr", bohrte er. „Du wirst deinen Ruf ruinieren, wenn du nicht gehst. Man wird dich nie mehr einladen, weil man weiß, daß du unzuverlässig bist. Dein Ruf als ein vernünftiger und intelligenter Mensch wird total verdorben sein."

„Laß mich in Ruhe", sagte ich ihm. „Ich werde mich an das halten, was ich mit Gott vereinbart habe."

Zwei Stunden später kam mein Geschäftspartner zu mir und

fragte, ob es stimme, daß ich meine Reise abgesagt hatte. Er hätte fast für die gleiche Zeit zu einer geschäftlichen Besprechung nach England reisen müssen, konnte aber durch einen seltsamen Zufall jetzt nicht fliegen. Alle Reisevorbereitungen und Flugbuchungen waren getroffen, und alle Ausgaben wurden von der Firma bezahlt.

„Wenn du an meiner Stelle gehen könntest“, sagte er. „Du wirst eine Woche in London brauchen und dann noch zwei Tage in Stuttgart. Anschließend bleibt dir dann reichlich Zeit für deine Konferenz.“

Ich konnte meine Reise also doch antreten und brauchte sie obendrein nicht einmal selbst zu bezahlen. Das war bestimmt weit besser, als mir Islands Eisberge anzusehen. Ich versuchte gar nicht erst, einige „Preis dem Herrn“ zu unterdrücken, die spontan aus meinem Inneren aufstiegen.

Ehe ich die USA verließ, erinnerte mich der Herr an den Namen einer älteren englischen Dame, die meine Frau und ich irgendwo kennengelernt hatten. Ich wußte nicht, wie ihre Adresse sein könnte, doch als ich darüber betete, kam mir der Name einer anderen Frau, die in Baltimore wohnte, in den Sinn, die vielleicht die Anschrift dieser englischen Dame kennen konnte. Es stimmte, sie kannte die Anschrift. Eines der ersten Dinge, die ich tat, als ich nach England kam, war, Verbindung mit dieser Dame aufzunehmen. Und noch ehe meine Woche in England vergangen war, hatte unser König ein neues Königskind auf den britischen Inseln.

Von London flog ich nach Stuttgart und erledigte dort die geschäftlichen Dinge. Anschließend fuhr ich mit dem Zug nach Wiesbaden. Ich hatte eine Telefonnummer, die ich bei meiner Ankunft in Wiesbaden anrufen sollte, um zu erfahren, wo die Konferenz stattfinden würde. Doch irgend jemand hatte da Unsinn gemacht. Der Teilnehmer, der sich am anderen Ende der Leitung meldete, hatte noch nie etwas von mir oder einer ICL-Konferenz gehört.

So saß ich nun im Hauptbahnhof von Wiesbaden und hatte nicht die geringste Idee, an wen ich mich hätte wenden können.

Mir blieb nur noch Jesus. Doch, halleluja, das würde ja genügen, wie immer. Ich telefonierte also mit dem Himmel und begann in neuen Zungen zu beten.

„Frage einen Taxifahrer." Der Herr sagte es nicht hörbar zu mir, aber die Worte standen als starker Eindruck in meinen Gedanken.

„Herr, ich habe nicht gewußt, daß deutsche Taxifahrer Englisch können."

„Du weißt es auch jetzt noch nicht. Aber geh und finde es heraus." Ich war gehorsam, verließ den Bahnhof und ging zu der Reihe Taxis, die auf Fahrgäste warteten.

„Sprechen Sie Englisch?" fragte ich den ersten Taxifahrer. Doch der schaute mich nur stumm an.

Also ging ich zum zweiten Wagen: „Sprechen Sie Englisch?" Der Fahrer sah mich nicht einmal an, sondern blickte weiter geradeaus.,

Es gab mehr Taxis und mehr Fragen. Endlich antwortete ein Fahrer in typisch New Yorker Aussprache: „Yeah." Ich erklärte ihm mein Problem.

„Ich bin für eine Konferenz nach Wiesbaden gekommen, weiß aber nicht, wo sie stattfindet. Könnten Sie mich in ein Hotel bringen, wo ich für heute ein Bett bekommen kann? Morgen werde ich mich dann darum kümmern, zu erfahren, was ich wissen muß."

Er schüttelte den Kopf: „Es ist jetzt Reisezeit und die Stadt ist voller Touristen. Es sind vor allem auch besonders viele amerikanische Touristen hier, weil eine amerikanische Einheit hier stationiert ist. Außerdem findet nicht sehr weit entfernt eine große internationale politische Konferenz statt, so daß nicht ein einziges Hotelbett frei ist. Sie bekommen nicht einmal ein Notbett mehr in einem Schuppen."

„Alles belegt?" Es klang unglaublich. „Sind Sie sicher?"

„Sie sind mindestens schon der 100. Reisende, dem ich dies heute sagen mußte." Seine Antwort klang freundlich und überzeugend.

Ich hatte während meiner Erkundigungen weiter im Geiste

gebetet, und plötzlich kam mir direkt vom Himmel ein Wort der Erkenntnis in den Sinn. Ich sollte dem Fahrer eine seltsame Frage stellen. Seine Antwort würde für mich dann Gottes Antwort sein.

„Wenn Sie hier fremd wären“, sagte ich, „und in die Stadt kämen, um für eine Nacht hier zu schlafen, und wenn Sie das beste Hotel nehmen könnten, ohne sich Sorgen machen zu müssen um den Preis und ob ein Zimmer frei ist, welches Hotel würden Sie wählen?“

Er sagte sofort einen Namen. Ich öffnete die Wagentür und stieg ein. „Wenn das Hotel für Sie richtig wäre, dann wird es auch mir ausgezeichnet passen“, sagte ich. „Fahren Sie mich bitte dorthin.“

„Aber Sie haben sich dort doch kein Zimmer reservieren lassen, oder?“ Er dachte gar nicht daran, den Motor zu starten, sondern drehte sich nur um, damit er den Verrückten besser betrachten konnte, der sich auf dem Rücksitz niedergelassen hatte.

„Nein, ich habe keine Zimmerreservierung. Nichts an meiner Lage hat sich verändert. Aber Gott hat die Sache jetzt in Seine Hand genommen. Halleluja! Bitte, fahren Sie.“ Ich machte es mir auf dem Rücksitz bequem.

„Aber Sie vergeuden nur Ihre Zeit“, beharrte der Taxifahrer und machte noch immer keine Anstalten, irgendwohin zu fahren. Vielleicht dachte er auch, daß ein so Verrückter wie ich nicht genug Geld haben würde, die Fahrt zu bezahlen. Ich zeigte ihm also einiges Geld, genug für die Fahrt und noch etwas mehr. Er schüttelte den Kopf, packte aber dann mein Gepäck in den Kofferraum und ab ging es. Sein Hinterkopf sah für mich etwa so aus, als würde er denken: „Diesmal habe ich aber einen richtigen Narren als Fahrgast.“ Doch dem Narren war trotzdem ganz wohl zumute.

Kurze Zeit später hielten wir vor einem der prachtvollsten Hotels, das ich je gesehen habe. Ich stieg aus. „Würden Sie bitte meine Koffer in die Halle bringen?“ bat ich den Fahrer. Er schüttelte immer noch den Kopf.

„Haben Sie denn ein Zimmer reservieren lassen?“ fragte er wieder.

„Nein, immer noch nicht. Aber hier werde ich wohnen.“ Meine Antwort löste eine neue Wiederholung seiner Theologie des Unmöglichen aus.

Ich hörte höflich zu, und als er Luft holen mußte, bat ich ihn nochmals, meine Koffer in die Halle zu tragen. Er war jetzt offensichtlich so weit, daß er mich nur noch loswerden wollte. Also trug er mein Gepäck hinein, steckte das Fahrgeld ein und fuhr davon. Ich fragte mich, ob er sich bald wieder erholen würde.

Dann wandte ich meine Aufmerksamkeit der Hotelhalle zu. Am Empfang standen zwei Reihen von Leuten, die laut nach nichtvorhandenen Schlafplätzen fragten. Mußte ich mich auch unter diese schiebenden, drängelnden und schreienden Leute mischen? Nein! Das hatte ich nicht nötig. Königskinder wissen einen besseren Weg. Ich stellte mich also nicht in die Reihe, sondern blieb wo ich war und pries mit aller Hingabe den Herrn. Doch eine Lösung meines Problems war nicht zu sehen.

„Herr Jesus, ich bin so weit gegangen, wie ich menschlich gesprochen gehen konnte. Hier bin ich nun. Was wirst Du jetzt tun?“

Er zeigte es mir – genau in diesem Augenblick. Gerade vor mir öffnete sich die Fahrstuhltür und heraus trat Wallace Haines, der Europasekretär der ICL. Ich hatte ihn vor ein oder zwei Jahren in Washington kennengelernt.

„Was um alles in der Welt machen Sie hier, Hal Hill?“ fragte er, während er mir die Hand schüttelte.

ZUFALL IST, WENN GOTT EIN WUNDER TUT
UND ES VORZIEHT, DABEI ANONYM ZU BLEIBEN.

„Ach, das ist eine ziemlich lange Geschichte", konnte ich nur murmeln. „Aber der Herr hat mich hierher geführt, und ich hoffe, für heute nacht hier ein Bett zu finden. Morgen will ich dann herausfinden, wo die ICL-Konferenz stattfindet."

„Ob Sie es glauben oder nicht, aber sie findet hier in diesem Hotel statt", rief Wallace und klopfte mir auf die Schulter. „Sie brauchen sich auch nicht um ein Zimmer zu kümmern. Soviel ich weiß, sind alle besetzt. Aber in meinem Raum steht ein zweites Bett, und ich wäre sehr froh, wenn Sie das Zimmer mit mir teilen würden."

Ich brauchte mich im Augenblick noch nicht einmal bei der Anmeldung einschreiben zu lassen.

„Ich werde in einer Minute zurück sein", sagte Wallace, zog den Zimmerschlüssel aus der Tasche und drückte ihn mir in die Hand. „Ich war nur heruntergekommen, um mir eine Zeitung am Kiosk zu kaufen."

Im Fahrstuhl pries ich Gott für Seine wunderbare Planung. Ich konnte es noch immer nicht begreifen, obwohl ich doch Seine wunderwirkenden Methoden mittlerweile eigentlich schon kennen sollte. Es gibt nichts, was Gott für Königskinder, die Ihm vertrauen, nicht tun kann.

Sind Sie bereit, Ihre unlösbaren Probleme in Gottes Hand zu legen? Sind Sie bereit, auch in der Mitte von unmöglichen Verhältnissen Ihn zu preisen? Wollen Sie Ihr sinnloses Herumrennen und Bemühen, es auf Ihre eigene Weise zu versuchen, endlich aufgeben und stillstehen, um zu sehen, was Er für Sie tun kann? Wenn Sie dazu bereit sind, dann sagen Sie es Gott und preisen Sie Ihn dafür.

Herr, hilf, daß ich Dich immer verherrliche und preise. Denn Du wohnst unter dem Lobpreis Deines Volkes, und ich möchte, daß Du beständig in mir wohnen kannst. Bitte, gewähre mir diesen Segen in Jesu Namen. Amen.

16

Sieger über sonstige Schwierigkeiten

Seid aber Täter des Wortes und nicht nur Hörer (Jak. 1, 22).

Da ich bei meiner Reise zur Konferenz nach Wiesbaden in Deutschland auf dem Stuttgarter Flughafen angekommen war, sollte meine Rückreise in die USA auch wieder dort beginnen. Ich betete also darum, ob ich mir einen Mietwagen nehmen sollte, um selbst damit nach Stuttgart zu fahren, oder nicht. Der Herr gab mir eine klare Bestätigung für meine Absicht, deshalb rief ich beim „Hertz-Mietwagen-Service" an. Die Leute dort verstanden Englisch und sprachen es sogar.

„Ich möchte gern ein Auto mieten, um nach Stuttgart zu fahren", sagte ich.

„Sehr gut", sagte die Dame am Telefon. „Für welchen Tag soll das sein, bitte?"

„Für morgen."

Ich konnte am Telefon fast hören, wie die Sekretärin bei Hertz den Kopf schüttelte. „Das tut mir sehr leid, aber wir sind auf lange Zeit im voraus ausgebucht. Es ist jetzt die Reisesaison, dann ist hier der amerikanische Armeestützpunkt, und außerdem findet in der Nähe eine internationale Konferenz statt. Für diese Woche besteht keinerlei Aussicht mehr, Ihnen einen Wagen vermieten zu können." Was sie mir erzählte, kam mir sehr bekannt vor. Noch vor wenigen Tagen hatte ich es so ähnlich auch gehört, als ich ein Hotelzimmer suchte.

„Besteht gar keine Aussicht?"

„Nein. Zur Zeit können wir nur Buchungen für mindestens zwei Wochen im voraus annehmen." Sie war sich ihrer Sache sehr sicher. Also bedankte ich mich und beendete das Gespräch. Da es also für mich keine Möglichkeit gab, einen Mietwagen zur rechten Zeit zu bekommen, mußte ich mich auf Gott verlassen, daß Er mir auf Seine Weise einen besorgen würde. Er hatte das Unmögliche bei der Zimmersuche wahr gemacht, deshalb war ich zuversichtlich, daß Er auch diesmal einen Weg finden würde.

Am nächsten Morgen packte ich meine Koffer und fuhr zum Hertz-Büro, um mir meinen Mietwagen zu holen. Ich hatte natürlich nicht vergessen, daß die Sekretärin mir gesagt hatte, es sei keiner für mich frei. Doch Gott hatte schon andere aussichtslose Situationen geregelt, und an meinem Glauben sollte es nicht liegen, daß Er nichts für mich tun konnte. Er hatte mir gesagt, es sei Sein Wille, von Hertz ein Auto zu mieten, um die Fahrt nach Stuttgart zu machen. Die Sekretärin bei Hertz konnte sich irren, aber Gott nicht. „Was kann ich für Sie tun?" fragte mich ein Mann, als ich das Hertz-Büro betrat.

„Ich bin gekommen, um meinen Mietwagen abzuholen."

„Wie ist Ihr Name, bitte?"

Ich sagte ihn, fügte aber hinzu: „Sie werden mich nicht auf Ihrer Liste finden, denn für mich ist kein Wagen bei Ihnen reserviert worden." Zuerst wollte ich noch hinzufügen, daß für mich ein Wagen vom Himmel her reserviert worden war, aber das hätte ihn vielleicht nur unnütz verwirrt.

„Es tut mir leid", sagte er, und er sah wirklich so aus, als würde er es bedauern, „aber das ist ganz unmöglich. Wir haben im Augenblick keine freien Wagen. Ich werde Ihren Namen gern auf die Warteliste setzen. Vielleicht können Sie in etwa zwei Wochen . . ."

„Das hat mir die junge Dame, mit der ich gestern telefonierte, auch schon gesagt“, bestätigte ich ihm. Auf natürliche Weise betrachtet wußten er und ich alles, was es zu wissen gab. Aber ich verließ mich nicht auf diese natürliche Weise. Seine Theologie, daß es für heute unmöglich sei, mir einen Mietwagen zu beschaffen, ermutigte mich nur noch.

GERADE IN SCHWIERIGKEITEN
KÖNNEN WIR JESUS AM BESTEN ERLEBEN.

Mein Gott ist ein Gott der Unmöglichkeiten. Er hatte mir grünes Licht gegeben, heute mit einem Hertz-Mietwagen nach Stuttgart zu fahren, und nicht erst in zwei Wochen. Alles, was ich zu tun hatte, war, an Gottes Zusage festzuhalten, dann würde das Auto schon kommen. Doch der Hertzangestellte schien von meiner Absprache mit Gott nichts zu wissen. Ich hörte höflich zu, während er sich nochmals entschuldigte. Doch innerlich pries ich den Herrn und dachte an Mose, wie er das Volk Israel bis an den Rand des Roten Meeres führen mußte, ehe Gott einen Weg für sie bahnte.

Plötzlich hielt der Angestellte mitten in seinen Entschuldigungen inne. Seine Augen wurden immer größer, als ob er selbst nicht glauben könnte, was er sah. Mitten auf der grünen Unterlage eines Schreibtischs lag ein Satz Autoschlüssel. Er setzte zum Sprechen an, stotterte erst ein wenig, ergriff dann die Schlüssel und sagte: „Ich hatte ganz vergessen, daß vor wenigen Minuten ein Kunde seinen für heute reservierten Wagen wieder abbestellt hat. Meine Sekretärin hat noch nicht Zeit gefunden, das Auto wieder zu vergeben. Würde Ihnen ein Opel recht sein?“

„Wenn er vier Räder und einen Motor hat, ist es gerade der Richtige für mich.“ Ich unterschrieb den Vertrag, bekam die

Schlüssel des nichtexistierenden Autos, verlud mein Gepäck und machte mich auf den Weg. Ich konnte mir gut vorstellen, daß der Angestellte immer noch an seinem Schreibtisch stand und über die Sache nachdachte. Doch ich pries den Herrn während meiner ganzen Fahrt nach Stuttgart.

Gott hatte mir gesagt, ich solle ein Auto mieten, also hatte ich nicht darüber zu diskutieren. Ich verließ mich nicht auf das Wort des Angestellten, als er sagte, es sei kein Wagen verfügbar. Ich mußte einfach dortbleiben und warten. Gott hatte schon die ganze Zeit etwas gewußt, was wir mit unseren nur natürlichen Fähigkeiten noch nicht wissen konnten, daß nämlich ein vorbestelltes Auto nicht abgeholt werden würde. Und weil ich auf Sein Wort baute und mich nicht von den Umständen irre machen ließ, empfing ich, was Er mir zugesagt hatte.

Haben Sie dies auch schon versucht? Sind Sie schon Sieger geblieben, weil Sie auf Gott vertraut haben und nicht auf die Umstände schauten? Oder fangen Sie immer wieder an zu zweifeln, wenn die Dinge einmal nicht gleich so gehen, wie Sie dachten? Sie können immer wieder erleben, daß Gott zu Seinem Wort steht, wenn Sie bereit sind, auch unter schwierigen Umständen zu vertrauen.

Herr Jesus, ich bekenne, daß ich oft mehr auf die Verhältnisse geschaut habe als auf Dein Wort. Es tut mir leid, daß ich Menschen oft mehr vertraut habe als Dir. Herr, wenn es Differenzen zwischen den Umständen und Deinem Wort gibt, dann hilf mir bitte, in Zukunft immer Deinem Wort zu vertrauen. Gib mir den Glauben, mich immer an Deine Wahrheiten zu halten. Hilf mir, ein Täter Deines Wortes zu sein und nicht nur ein Hörer.

Habe Dank, daß Dein Wort immer die Wahrheit ist, auch wenn jeder Mensch ein Lügner sein kann. Danke, daß Deine Kraft wirksam wird, wenn wir im Glauben nach Deinem Worte *tun*. In Jesu Namen. Amen.

17

Sieger über Besorgnis

Kommt, folgt Mir nach, so will Ich euch zu Menschenfischern machen (Matthäus 4, 19).

Bei einer Gelegenheit war ich mit Tommy Tyson zusammen, als er in einer Methodistenkirche in Grand Rapids, Michigan, für einige Zeit Evangelisationsversammlungen hielt. Als die Woche zu Ende ging, stieß noch Wayne McLean zu uns. Am Samstag machte Tommy uns zwei anderen eine überraschende Eröffnung.

„Wir sind zu dritt", sagte er, „und wir haben für Sonntagmorgen Einladungen zu drei verschiedenen Plätzen, um dort zu predigen. Ich werde den Gottesdienst hier in der Kirche halten, Wayne übernimmt einen in einer anderen Kirche der Stadt, und Bruder Hal, da bleibt für dich die Kanzel der Kirche in Plainwell übrig."

Nun ja, Zeugnis geben von dem, was ich mit dem Herrn erlebte, mit Kranken und anderen, die in Not waren, beten und Menschen zu Christus führen, war eine Sache, aber Predigen war eine ganz andere; ich hatte das noch nicht sehr oft getan und hatte immer etwas Angst davor. Mich beruhigte nur der

Gedanke ein wenig, daß es sich hier wohl um eine kleine Landgemeinde handeln würde und nicht um eine große Stadtkirche. Also glaubte ich, daß der Herr und ich die Sache wohl doch schaffen würden.

Als ich dann in Plainwell ankam, wurden meine Nerven doch wieder recht unruhig. Ich mußte nämlich sehr schnell feststellen, daß es mit der kleinen Landgemeinde nichts war. Es handelte sich vielmehr um die große Stadtkirche der Methodisten. Als ich in den großen Kirchenraum schaute, kam es mir so vor, als könnten darin vielleicht 75 000 Menschen Platz finden. Daß ich nicht in Ohnmacht fiel, noch ehe der Chor zu singen aufhörte, war schon ein Wunder für sich allein. Mir war aber sehr stark danach zumute. Doch neben all meinen Befürchtungen begann auch eine gewisse Erwartung in mir zu wachsen. Genauer gesagt: sie wuchs gerade weil ich so wenig auf einen solchen großen Gottesdienst vorbereitet war.

Als ich am Abend vorher ins Bett gegangen war, hatte ich noch gebetet: „Herr, ich weiß nicht, was ich morgen im Gottesdienst sagen soll, denn ich bin kein Prediger. Und wäre ich einer, dann wüßte ich immer noch nicht, was ich predigen sollte. Du solltest mich besser für morgen absetzen, Herr. Ich glaube nicht, daß wir mit der Sache zurechtkommen. Ich mache Dir vielleicht wenig Ehre. Du solltest wirklich jemand anders finden. Bitte?“

Soweit ich weiß, bekam ich weder ja noch nein zur Antwort und schlief dann endlich ein. Irgendwie muß ich dann aufgewacht sein, denn ich bekam eine klare Vision vom Herrn. Was ich erlebte, war viel zu lebendig, um ein Traum sein zu können. Ich erlebte folgendes:

Ich stand als Beobachter an einem großen Fischteich. Überall an dem Teich standen Angler, die so gute Ausrüstungen besaßen, daß sie kaum noch zu übertreffen waren. Und alle waren fleißig dabei, ihre Angeln immer wieder in den Teich auszuwerfen. Doch obwohl sie sich so eifrig bemühten und so erstklassige Ausrüstungen hatten, fingen sie nichts. Ihre Gefäße für die Beute waren alle noch leer. Ihr Eifer wurde immer größer, und immer häufiger warfen sie die Angeln aus; doch ein Erfolg wollte sich nicht einstellen.

Aber dann veränderte sich die Szene plötzlich. All die erfolglosen Angler schauten auf einen Pfad, der in einen Wald hinein führte. Auf dem Weg kam ein barfüßiger Junge in ausgefranzten Hosen und mit einem alten Strohhut auf dem Kopf daher. Über einer seiner braungebrannten Schultern trug er einen großen Ast, den er zu einer primitiven Angelrute umgebaut hatte. An der einfachen Angelschnur hatte er als Haken eine umgebogene Sicherheitsnadel festgemacht, und in der Hand trug er einen einfachen Zinkeimer.

Als der Junge näher kam, konnte man hören, daß er eine fröhliche Melodie vor sich hin pfiff. Er schien sich auch von den vielen gut ausgerüsteten Anglern nicht erschrecken zu lassen. Die Angler ihrerseits beobachteten ihn alle. Sie hatten dabei einen verächtlichen Ausdruck in ihren Gesichtern, als wollten sie sagen: „Glaubt dieser Kasper denn, etwas fangen zu können. Heute beißen die Fische nicht an, das sollte er doch auch merken."

Doch den Jungen schienen die Mißerfolge der erfahrenen Angler nicht entmutigen zu können. Immer noch pfeifend setzte er sich ans Ufer, griff in den Eimer und holte einen Köder heraus, den er an seinen provisorischen Angelhaken hängte. An allem, was er bisher getan hatte, war nichts Ungewöhnliches. Alle anderen Angler hätten dies auch getan. Das Ungewöhnliche war der Köder, den er benutzte. Einen solchen hatte ich vorher noch nie gesehen. Der Köder war ein Stück Lobpreis und Herrlichkeit. Fragen Sie mich jetzt bitte nicht, was das ist und wie ich es beschreiben soll. Das Wichtigste für einen Angler ist ja genau betrachtet auch nicht, welchen Köder er hat, sondern ob dieser die Fische anlockt. Und das tat dieser Köder hier ganz offensichtlich.

Als der Junge die Angel mit dem Lobpreis- und Herrlichkeits-Köder in den Teich warf, begann dieser auf einmal durch die Herrlichkeit silbern zu glänzen und sah aus, als wäre er lebendig. Dann hielt der Junge seine Angel ruhig fest und wartete, dabei immer noch pfeifend. Die verachtungsvoll Zuschauenden beobachteten ihn mit offenen Mündern und rechneten damit, daß sich nichts regen würde. Ich stand und wartete auch. Wir alle brauchten nicht lange zu warten.

Plötzlich tauchte aus der Tiefe des Teiches ein sehr großer Fisch auf. Es muß wohl ein vier bis fünf Pfund schwerer Barsch gewesen sein. Er schwamm direkt auf den Köder zu, schien daran zu schnüffeln, öffnete dann weit sein Maul und biß zu. Der Junge holte den Fisch, der bei jedem Wettangeln den ersten Preis gewonnen hätte, langsam ans Ufer, ohne daß dieser sich wehrte, und legte ihn dann in seinen Eimer. Dann warf er seine Angel mit dem ungewöhnlichen Köder wieder aus. Diesmal sah ich, wie aus allen Richtungen Fische darauf zuschwammen. Die Augen der Zuschauer wurden größer und größer, und der verächtliche Ausdruck auf ihren Gesichtern verwandelte sich in Staunen und Achtung.

Während ich noch zusah, kam das Wort des Herrn zu mir und sagte: *„Es ist nicht der Fischer und auch nicht seine Ausrüstung, es ist auch nicht seine Willenskraft oder seine Entschlossenheit, sondern es ist Mein Wort und allein Mein Wort, welches das große Werk tut. Wenn man Mich verherrlicht, dann werde ich alle Menschen zu Mir ziehen.“*

Der einfache Eimer war bald gefüllt mit außergewöhnlich schönen Fischen. Der Junge nahm ihn in die Hand, legte die Angel wieder über die Schulter und ging pfeifend dahin, wo er hergekommen war. Die Angler, die sich so viel auf ihr eigenes Können eingebildet hatten, standen wie Statuen, noch gepackt von dem, was sie gesehen hatten.

Die Vision verschwand nie ganz vor meinen Augen. Ich kann sie heute noch so lebendig vor mir sehen wie damals. Und sie erinnert mich immer wieder: „Du bist es nicht, Hill, der es tut, wenn etwas geschieht. Es ist Mein Wort, das wirkt. Wirf nur Mein Wort aus, wie der Junge seinen Köder in das Wasser warf, und ich werde alles andere tun. So unvermeidlich, wie die Fische von dem Herrlichkeits-Köder angezogen wurden, so werde ich die Menschen zu Mir ziehen.“

All das stand am nächsten Morgen noch ganz frisch vor mir, als ich auf die hohe Kanzel der Methodistenkirche stieg. Als ich vor den vielen Menschen stand, sah ich im Geist das Wort Gottes wie auf einem Weg vom Himmel herab kommen. Der Weg brachte das Wort direkt in meinen Kopf und dann aus meinem Mund zu den Zuhörern, vom Herrn gelenkt. Er war der Herr der Worte, die ich an diesem Morgen reden würde.

GOTT SENDET SEIN WORT VON SEINEM GEIST,
DURCH SEINE JÜNGER,
ZU SEINER EHRE UND ZU UNSEREM SEGEN.

Während ich weitergab, was ich von Gott empfing, sah ich im Geiste direkt vor mir auf der Kanzel einen großen Marmorblock. Seine Kanten müssen wohl sechzig bis neunzig Zentimeter lang gewesen sein. Ein Würfel aus reinem Weiß. Als ich den Marmorblock bemerkte, schien der Heilige Geist zu mir zu sagen: „Hill, schiebe ihn von der Kanzel hinunter; ich werde dafür sorgen, daß er jemand von den Versammelten trifft."

Wenn ich nicht so fleißig vorgegeben hätte zu predigen, wären mir vielleicht einige gute Gründe eingefallen, diese Aufforderung nicht zu befolgen. Doch ich war zu sehr damit beschäftigt, das Wort durch mich fließen zu lassen, so daß ich zu nichts anderem fähig war, als nur noch in einfachem Gehorsam Seine Anweisungen auszuführen. Ich schob meine Schulter unter den Marmorblock – die Gemeinde unter mir muß gedacht haben, ich hätte Muskelzucken – und schob mit aller Kraft. Der Block landete mit großem Krachen irgendwo unter mir in der Mitte der Versammelten.

Ich schien jedoch der einzige zu sein, der dies alles mitbekommen hatte, denn niemand anders rührte sich. Während der ganzen Zeit gab ich das Wort Gottes weiter, so, wie es durch den Heiligen Geist zu mir kam. Als meine Predigt zu Ende war, setzte ich mich. „Was hat Gott tun können?“ fragte ich mich.

Nach dem Gottesdienst erfuhr ich es. Eine weißhaarige Dame kam zu mir und sagte: „Seit meiner Kindheit bis zum jetzigen Alter von 80 Jahren gehe ich in die Methodistenkirche. Ich habe aber bis heute noch nie gehört, daß man Gott persönlich kennenlernen kann. Doch jetzt weiß ich, daß man es kann, denn ich habe Ihn heute persönlich kennengelernt. Ich bin während dieser Versammlung Jesus begegnet.“ Es war wunderbar. Wir erlebten Gottes Herrlichkeit und Seine Freude inmitten der steifen Kirchlichkeit.

Preis sei Gott, daß es nicht durch Heer oder Kraft, sondern durch Seinen Geist geschieht. Sind Sie bereit Gott zu vertrauen, so daß Er auch Sie als Werkzeug zum Weitergeben Seines Wortes gebrauchen kann? Er braucht solche Werkzeuge, um zu Menschen zu reden, die Ihn kennenlernen sollen. Alles, was Sie tun müssen, ist, sich Gott zur Verfügung zu stellen.

Herr, ich bin bereit, darauf zu vertrauen, daß Du auch durch mich Dein Wort weitergeben kannst und mich gebrauchen willst für Deine Sache. Ich danke Dir, daß Du mich selbst dazu willig gemacht hast. Zeige mir den Menschen, der bereit ist Dich anzunehmen, und öffne mir den Mund, daß ich zu Deiner Ehre reden kann. In Jesu Namen. Amen.

18

Sieger über böse Geister

Denen aber, die zum Glauben gekommen sind, werden diese Wunderzeichen folgen: In Meinem Namen werden sie böse Geister austreiben (Markus 16, 17).

Während eines Sommers war ich für einige Zeit in einem christlichen Ferienlager in Hastings, Nebraska. Unser Gesangsleiter dort war ein großer, athletisch gebauter junger Mann, der im Jahr vorher gerettet und mit dem Heiligen Geist getauft worden war. Er war damals so voller Freude gewesen, daß seine Freunde ihn nun in diesem Sommer, in dem ich auch im Lager war, kaum wiedererkannten. Ich selbst hatte selten jemand gesehen, der mehr entmutigt und niedergeschlagen war. Sein Gesicht wirkte fahl. Es war keine Freude, kein inneres Licht und kein Friede zu spüren. Alles, was ihn einmal vor Leben und Freude glühen ließ, war total verschwunden.

Einige von uns, die zur Lagerleitung gehörten, begannen zu beten: „Herr, was ist mit ihm? Gib doch dem jungen Freund das überfließende Leben wieder, das Du am Kreuz erworben hast. Zeige uns, wie wir ihm helfen können."

Am nächsten Tag brachten einige seiner Freunde den jungen

Mann zu unserem Seelsorgeteam zu einer Aussprache. „Ich kann nicht verstehen, was mit mir nicht in Ordnung ist", murmelte er, den Blick zu Boden gerichtet. „Ich habe meinen Eifer und meine Freude verloren. Ich fühle mich unfähig, etwas für mich oder für andere zu tun. Mir ist, als sei ich nicht in der Lage, nach Beendigung der Sommerferien mein Studium fortzusetzen. Ich kann nicht mehr lernen und studieren – ich kann gar nichts mehr tun."

An diesem Punkt verlor er völlig die Kontrolle über sich und begann zu schluchzen: „Ich kann nicht ... ich kann nicht ... ich kann nicht ..." Immer und immer wieder stieß er es hervor. Sein Athletenkörper wurde von dem Kummer hilfloser Niederlage geschüttelt. Endlich hob er den Kopf und blickte die anderen beiden Mitglieder des Seelsorgeteams – Jim Christian und Willie Murphy – und mich an.

„Helft mir!" schrie er. Es war ein verzweifelter Schrei.

„Es besteht für uns keinerlei Möglichkeit, dir zu helfen", sagte ich ihm. „Aber wir kennen einen, der es kann."

Ein kurzes Aufleuchten der Hoffnung erschien auf seinem Gesicht. Er wußte, daß ich von Jesus sprach, der der Einzige ist, der uns wirklich helfen kann.

Ich hatte in Zungen gebetet, als der junge Mann uns seine Geschichte erzählte; und während ich so betete, sah ich einen Dämon der Verzweiflung in ihm. Dieser Dämon war verantwortlich für seinen elenden Zustand und mußte deshalb verschwinden.

„Möchtest du, daß wir gemeinsam mit dir beten?" fragte ich den jungen Mann. Er hatte nichts zu verlieren – außer den Dämon natürlich, den er los werden mußte – und willigte ein. Wir drei legten ihm die Hände auf und begannen zu beten. Als wir dies taten, wurde der Dämon wild. Trotz allem, was wir tun konnten, wurde der junge Mann auf den Fußboden geschleudert, wo er zischte, sich wand und aufbäumte wie eine Schlange. Und dann begann der Dämon durch ihn schrille Schreie auszustoßen. Es war eine der wildesten Szenen, in die ich je geraten bin.

Jesus hat Königskindern Autorität gegeben, über die Mächte der Finsternis zu siegen, deshalb begannen wir jetzt zu sprechen: „Satan, in Jesu Namen, komme jetzt aus ihm heraus."

„Ich will nicht! Ich will nicht!" schrie der Dämon mit einer Stimme, die ganz anders war, als die des jungen Mannes. „Ihr könnt mich nicht vertreiben. Der Bursche hier hat mich selbst eingeladen. Dies ist meine Behausung. Und ich werde hier bleiben."

Wir argumentierten nicht mit ihm, sondern erinnerten ihn nur an die Tatsachen: „Satan, du bist ein besiegter Feind. Jesus hat dich schon besiegt. Du hast also gar keine Wahl, sondern mußt gehen. In Jesu Namen befehlen wir es. Geh!"

Wir banden den Dämon im Namen Jesu und befahlen ihm, in den Abgrund zurückzugehen, aus dem er gekommen war. Plötzlich entspannte sich der junge Mann. Er wand und verkrümmte sich nicht mehr. Wir wußten: Der Dämon hatte ihn verlassen. Jim, Willie und ich standen auf – wir hatten uns neben den jungen Mann auf den Fußboden gekniet – und schüttelten ihm die Hand. Offensichtlich war er frei von der Verzweiflung, aber noch erschöpft von dem Kampf. Schweiß lief ihm über das Gesicht. Doch als wir jetzt fortfuhren, im Geiste zu beten, gab mir der Herr eine klare Warnung: „Forsche weiter. Es ist noch ein anderer da. Ein weiterer fremder Geist ist noch in ihm."

Ich sagte: „Gib dich zu erkennen, Dämon. Wie ist dein Name?" Der Dämon merkte, daß wir von seiner Anwesenheit wußten, und daß es keinen Zweck mehr hatte, sich zu verstecken. „Lysergic Acid Diäthylamide", antwortete er. Im Geiste sah ich die Wörter ausgeschrieben und wußte, daß es sich um den Geist des LSD handelte. In meinem Inneren wurde mir dieser Geist ganz weiß, wie Schnee, gezeigt, geradeso wie Aussatz in der Bibel. Ich sah, daß die LSD-Droge des Seelenaussatzes zwei große Haken hatte, die in die Seele des jungen Mannes eingegraben waren.

Wir erfuhren später, daß er nach seiner Bekehrung noch einmal LSD genommen hatte. Dies hatte ihn in einen besonders bösartigen Rauschzustand gebracht. Hinterher war er dann in unregelmäßigen Abständen immer wieder in diesen Rauschzustand hineingestürzt. Er wußte nie, wann es ihn wieder packen würde. Durch das unregelmäßige Auftreten hatte der Satan ihn in beständiger Furcht gehalten. Mir war klar, daß Gott uns die Anwesenheit dieses Dämons zu einem besonderen Zweck offenbart hatte: Wir sollten ihn austreiben, damit der junge Mann frei wurde.

JESUS WILL UNSER LEBEN
AUS EINER MISSWIRTSCHAFT IN EINE
GÖTTLICHE BOTSCHAFT VERWANDELN.

„Geist des LSD, wir binden dich im Namen Jesu Christi. Komme heraus aus ihm!" Dies war alles, was nötig war. Wir hörten ein ploppendes Geräusch, so, als ob ein Korken aus einer Flasche kommt, und das Gesicht des jungen Mannes begann zu erstrahlen in der Herrlichkeit des Herrn. Jesus hatte ihn von zwei Dämonen befreit, gereinigt und neu mit Seiner Freude erfüllt.

Rauschgift wird von Dämonen besonders gern als Einfallstor in das menschliche Leben benutzt. Wenn jemand Rauschgift nimmt, öffnet er sich weit dämonischen Einflüssen und kommt dadurch derart in die Gewalt dämonischer Mächte, daß er sich nachher am liebsten vergiften würde. Doch Königskinder sind mit den Werkzeugen ausgerüstet, um Menschen von Dämonen zu befreien. Jesus erwartet von uns, daß wir diese Werkzeuge gebrauchen, um Gebundenen und Geplagten zu helfen.

Die Gabe der Geisterunterscheidung ist uns dazu gegeben, damit wir genau erkennen können, was unsere Mitmenschen davon abhält, ein Sieger in Christus zu werden. Der Herr kann uns diese Dinge so deutlich offenbaren, als sähen wir sie auf einer Fotografie.

Sie sagen, Gott habe Ihnen noch keine solche Offenbarung geschenkt? Früher, als ich Jesus noch nicht den ersten Platz in meinem Leben eingeräumt hatte, wußte ich auch nichts davon. Ich hatte diese übernatürliche Hilfe nicht für meinen Dienst an anderen Menschen, bis ich lernte, alles beiseite zu tun, was mich hinderte, Jesus den ersten Platz einzuräumen. Das hieß, daß alle Unversöhnlichkeit, alle Ungeduld, alle Unbelehrbarkeit und aller Unglaube zu gehen hatten. Das Fernsehgerät mußte weichen, der Bridgeklub und der Schachklub. Auch gute Dinge mußten eben Raum machen für das noch Bessere, denn diese „guten" Dinge bewirkten, daß die Signale vom Himmel vernebelt wurden. Weltliche Fernsehsendungen sind unter den schlimmsten Gefahren, denn die Menschen haben den Hang zu denken: Es ist nicht alles schlecht. Und so setzt man sich ungeschützt dem Schmutz aus, der mit guten Sendungen, wie Astronautenflug zum Mond oder Gottesdiensten, herangeschwemmt wird. Sollten Sie fernsehsüchtig sein, müssen Sie einmal Ihre Version des 23. Psalms lesen. Vielleicht erkennen Sie dann, warum Gott Sie nicht besser für Seinen Dienst gebrauchen kann.

Der 23. Psalm des Fernsehsüchtigen:

„Die Mattscheibe ist mein Hirte; an Schmutz mangelt mir's nicht. Sie läßt mich stumpfsinnig auf ihre scheußlichen Verderblichkeiten starren. Sie führt mich zu verseuchtem Wasser und vergiftet meine Seele. Sie leitet mich auf den Pfad der Gewalttätigkeit um Satans willen. Wenn ich durch ihre Bilder voller Sünde und Tod gehe, erschreckt mich alles Böse, denn ihr furchtbarer Anblick verwirrt mich. Sie bereitet vor mir einen Tisch des Verderbens in der Gegenwart meiner verlorenen Freunde. Sie salbt mein Haupt mit Jauche, mein Magen dreht sich um, und ich benötige mehr Pillen. Unruhe und Furcht werden mich verfolgen mein ganzes Leben lang, und ich werde wohnen in der Grube der Verzweiflung für immer."

Wir sollten bei dem Austreiben von Dämonen auch daran denken, daß sie nicht taub sind. Am Anfang meiner Königskindschaft habe ich laut gerufen, ja sogar geschrien, habe Satan verflucht und bin mit den Füßen auf seinem Schwanz herumgestampft, wenn ich ihn vertreiben wollte. Ich hatte andere dies tun sehen und geglaubt, ich könne Satan erschrecken mit meinem lauten Wesen und ihn dazu bringen, daß er meine Befehle befolgt. Doch ich lernte dann, daß dies eine kindische Weise ist. Satan flieht nicht, weil wir ihn anschreien. Er flieht, weil Jesus ihn besiegt hat und weil der Herr uns die Autorität gegeben hat, den Satan an diese Tatsache zu erinnern. „Als ich aber ein Mann wurde, tat ich ab, was kindisch war“, sagte Paulus. Diese Worte sollten wir auch für unseren Dienst beherzigen.

In der Belvedere Baptistenkirche in Baltimore haben wir im Keller einen Gebetsraum ohne Fenster. Denn wenn die Dämonen ausgetrieben werden, dann können sie sehr laut sein, und wir wollen die Nachbarschaft nicht erschrecken. Es ist auch sehr verständlich, daß diese finsteren Gesellen sich beklagen, wenn ihnen befohlen wird, das Haus zu verlassen, in dem sie sich so wohnlich eingerichtet haben. Wenn die Dämonen ausfahren müssen, singen sie natürlich kein Freudenlied. Aber sie fahren aus. Sie haben keine andere Wahl, wenn Königskinder ihre Autorität gebrauchen, die Jesus ihnen gegeben hat.

Sind Sie bereit, sich in jedem Dienst von Gott gebrauchen zu lassen, damit Menschen, die von Dämonen bedrängt sind, frei werden? Wenn Sie bereit sind dazu, müssen Sie Ihr eigenes Leben ganz Gott übergeben und nichts mehr für sich selbst suchen. Nur so können wir ein Kanal werden, durch den anderen in größtmöglichem Maße geholfen wird.

Haben Sie alle Hindernisse für das Wirken der Kraft Gottes in Ihnen beiseitegeräumt – alle Ungeduld, Unglauben, Unbelehrbarkeit und Unversöhnlichkeit? Sind Sie bereit, alle okkulten Versuchungen – Horoskope, spiritistische Sitzungen, Wahrsagen usw. – zurückzuweisen? Sind Sie bereit, wenn es nötig ist, alle zweitbesten Dinge aufzugeben – Bridgeklub, Schachklub, Sportereignisse, Fernsehen und andere Dinge –, um besser von Gott gebraucht werden zu können? Wenn Sie dazu bereit sind, will Gott Sie gebrauchen.

Herr, reinige mich von allem, was nicht Teil Deines Willens für mein Leben ist. Herr, mache mich zu einem reinen Gefäß, brauchbar für Dich. Herr, hier bin ich, sende mich. In Jesu Namen. Amen.

19

Sieger über einen falschen Flugplan

Sei stille dem Herrn und harre auf Ihn (Psalm 37, 7).

Ich war eingeladen, in einer christlichen Konferenz zu sprechen, also rief ich mein Reisebüro an und bat um Zusammenstellung meiner Reise. Einige Tage später erhielt ich per Post meinen Flugschein. Ich erkannte den Absender und wußte, was darin war, deshalb öffnete ich ihn nicht. Ich vertraute meinem himmlischen Vater für den richtigen Platz im richtigen Flugzeug. Ich brauche Ihn nicht zu kontrollieren.

Daß meine Karte für einen Flug gebucht war, den es überhaupt nicht gab, machte mir keine Sorgen, denn ich wußte es nicht. Wenn ich es gewußt hätte, würde ich begonnen haben mir Sorgen zu machen, wäre unruhig geworden und hätte mit meinem Reisebüro gesprochen. So aber lebte ich in glücklicher Unwissenheit.

Am vorgesehenen Tag verließ ich Baltimore, um über Jacksonville nach Tampa – meinem Reiseziel – zu gelangen. Es wird eine kurze Reise ohne Schwierigkeiten – dachte ich. Als ich in Jacksonville ankam, ging ich zum Schalter der Fluglinie, mit der ich weiter wollte, um meinen Flugschein nach Tampa bestätigen zu lassen. Der Angestellte nahm den Flugschein aus dem Umschlag und schaute dann stirnrunzelnd zuerst darauf und dann auf mich. „Es gibt keinen solchen Flug heute um 14.30 Uhr“, sagte er. „Dieser Flug ist schon seit Wochen vom Plan abgesetzt. Der nächste Flug zu Ihrem Ziel ist heute abend 18.30 Uhr.“

Meine erste Reaktion war Ungeduld und Ärger über mein Reisebüro. „Wenn ich wieder nach Baltimore heimkomme, dann werde ich das und das unternehmen. Ich gebe diesen Burschen im Reisebüro so viel zu verdienen, und die behandeln mich derart . . .“ Ich kochte innerlich. Wie kamen diese Leute dazu, meine Pläne so durcheinander zu bringen?! Doch ehe mein Kopf noch völlig unter Druck stand und ich meinem eigenen Naturell Raum ließ, schien der Herr zu mir zu sagen:

„Warte erst einmal einen Augenblick, Hill. Warum hörst du auf, Mich zu preisen? Was hast du denn immer gepredigt? Habe Ich dich nicht oft sagen hören, man soll Mich für alles preisen?“

Das war es. Der Herr hatte mich in der Ecke.

HEIDEN HABEN UNGLÜCK –
KÖNIGSKINDER ERFREUT EINE NEUE ERFAHRUNG.

„Gut, Herr, ich sehe ein, daß Du vielleicht eine Absicht hast, wenn Du dies zuließest. Daß ich diese Absicht noch nicht kenne, ändert daran nichts. Und auch wenn ich nie erfahren sollte, warum es so gegangen ist, will ich Dich doch preisen. Ich preise Dich, Herr. Ich danke Dir für diesen verzögerten Flug. Ich danke Dir für alles, was ich auf diesem Flughafen noch erlebe. Danke, Herr Jesus.“

Als ich mich von dem aufwühlenden Ärger abwandte und wieder auf die Lobpreiswelle kam, wo Gott wohnt, fühlte ich mich innerlich sofort besser. Ich bat den Angestellten, mir einen Flugschein für den 18.30 Uhr-Flug auszustellen und rief dann den Leiter der Konferenz in Tampa an, um ihm mitzuteilen, daß ich unterwegs war, aber ein wenig später kommen würde. Es schien ihm nicht allzuviel auszumachen. Sie würden auch ohne mich gut zurechtkommen.

Dann telefonierte ich mit allen, die ich in der Gegend von Jacksonville kannte, um herauszufinden, wer in den Wartestunden zum Flughafen kommen könnte, um mit mir den Herrn zu preisen. Doch der Herr schien von meiner Idee nicht überzeugt zu sein, denn ich fand niemand, der Zeit gehabt hätte, für einige Stunden zu kommen. Es war zwar der beste Gedanke, den ich gehabt hatte, aber es war wohl für den Himmel nur der zweitbeste. Ich beschloß also zu warten, was der Herr mir zeigen würde.

Ich setzte mich hin, pries den Herrn und las ein wenig in der Bibel. Nachher ging ich eine Tasse Kaffee trinken und schlenderte dann durch die anderen Teile des Flughafengebäudes. Der Flughafen war groß, sehr schön angelegt und neu. Es gab viel zu sehen, und ich ging überall herum. Meine Antenne war ausgefahren und auf den Herrn ausgerichtet, wenn Er mir etwas zu sagen oder einen Auftrag zu geben hatte. Ich hätte gern meine Arme emporgehoben und Ihn gepriesen. Aber es waren viele Menschen auf dem Flughafen, und die hätten mich vielleicht mißverstanden und die Leute in den weißen Kitteln gerufen. Also ließ ich es bleiben. Doch in meinem Inneren pries ich Gott.

„Herr, ich freue mich in Dir und bete ohne Aufhören und preise Deinen heiligen Namen“, sagte ich. „Ich bin bereit für Deinen Willen, Herr. Was möchtest Du, das ich tun soll?“

Während ich so mit Gott redete, versuchte der Satan immer wieder, sich dazwischenzuschalten. „Hill, du vergeudest deine Zeit. Du solltest jetzt eigentlich schon am Ziel sein. Solltest du nicht auf deinen Fingernägeln herumbeißen und dich ein wenig aufregen? Ausgerechnet dir muß das passieren. Bedaure dich ein wenig ...“

„Geh fort, Teufel. Du kannst ein Königskind nicht entmutigen, wenn es Gott preist."

Während ich weiterging, sah ich ein Hinweiszeichen. Darauf stand: „Kirche." Ich hatte noch nie eine Kirche auf einem Flughafen gesehen, also ging ich in die Richtung, die der Pfeil wies. Es war nicht weit. Ich trat in die kleine Kapelle ein, setzte mich, begann in der Bibel zu lesen und dann Gott laut zu preisen. Da ich allein in dem Raum war, fühlte ich mich frei, auch die Arme emporzuheben.

Nachdem ich mich so einige Minuten in der Gegenwart des Herrn erfreut hatte, öffnete sich die Tür, und jemand schaute herein. „Kommen Sie herein", rief ich in der Hoffnung, während des Wartens Gemeinschaft zu haben. Ein Mann und eine Frau traten ein. „Sind Sie religiös?" fragte ich. (Religion beschäftigt sich mit dem, was Gott nicht mehr tun kann. Religiöse Theologie erklärt bis in Einzelheiten, warum Gott bestimmte Dinge nicht mehr tun kann. Ein Christ dagegen ist jemand, der Jesus persönlich kennt und deshalb nicht anders kann, als von Ihm zu reden und von dem, was Er heute noch tut.)

„Nein", antwortete die Frau, „wir sind Christen." Na, das hörte sich schon ganz anders an.

Ich begriff, daß die beiden nicht nur einfach Kirchengänger waren und sagte: „Fein, ich bin auch ein Christ. Ich kenne Jesus als meinen Retter, Heiler und Täufer."

„Halleluja!" sagte der Mann. „Dann sind wir ja drei von der Sorte."

Nun war die Sache richtig. Königskinder begegneten Königskindern in der Kapelle. Ich wußte, hier war die göttliche Verabredung, die der Himmel arrangiert hatte, denn ich hatte Gottes Verheißung von 2. Korinther 5, 18, daß für Königskinder alle Dinge von Gott kommen. Wenn mein himmlischer Vater sagt, daß ich nicht durch Zufall zu einer bestimmten Zeit an einem bestimmten Ort bin, dann ist es meine Pflicht, herauszufinden, warum Gott es so einrichtet. Als ich mit dem Ehepaar sprach, bekam ich einen Hinweis.

Die junge Frau, ihr Name ist Betty, sagte: „Meine Schwester

kommt heute nachmittag von Atlanta geflogen. Sie muß für eine Operation ins Krankenhaus. Die Ärzte wissen noch nicht, ob es Krebs ist oder nicht, aber sie machen sich Sorgen. Glauben Sie, wir könnten für sie beten?"

Das war, als hätte man zu einem Jagdhund gesagt: „Such!"

Betty konnte die Stelle ihrer Schwester einnehmen, und ihr Mann und ich konnten Jesu Anweisungen folgen, wie wir sie in Markus 16, 17–18 finden: „... Denen aber, die zum Glauben gekommen sind, werden diese Wunderzeichen folgen: In Meinem Namen", sagt Jesus, „... werden sie den Kranken die Hände auflegen, und sie werden gesund werden." Wir wußten aus Erfahrung, daß der Herr Sein Wort auch wahr machte, wenn wir mit einem Stellvertreter beteten. Deshalb taten wir dies mit aller Freudigkeit.

Wie gewöhnlich kam in diesem Augenblick auch der Feind wieder geschlichen und bohrte: „Aber wenn nun nichts geschieht? Dann steht ihr da wie Narren."

„Wer sieht uns denn zu?" antworteten wir. „Außerdem haben wir Gottes Wort, und deshalb lohnt es sich zu beten. Wenn nichts geschieht, werden wir es zu tragen wissen. Tut der Herr aber etwas, werden wir Ihm dafür die Ehre geben."

Bettys Mann und ich legten ihr die Hände auf und beteten im Geist in einer himmlischen Sprache, die wir nicht verstanden. Wie anders hätte ich für eine Person beten sollen, die ich nicht kannte und von der ich nichts weiter wußte, als daß sie ernstlich krank war. In Römer 8, 26 sagt uns die Bibel, daß, wenn wir nicht wissen, was wir beten sollen, der Heilige Geist unserer Schwachheit zu Hilfe kommt und mit unaussprechlichen Seufzern für uns eintritt. Als wir beteten, konnten wir spüren, wie die Kraft des Heiligen Geistes uns unterstützte.

Ich weiß bis heute nicht, was das Ergebnis unseres Gebets gewesen ist. Vielleicht werde ich es auch auf dieser Seite des Himmels nicht mehr erfahren. Doch es ist bestimmt etwas geschehen, denn Königskinder beteten zusammen im Gehorsam zu Gottes Wort. Und ich bin froh, daß ein falscher Flugschein mir diese Gelegenheit gab.

Alle Dinge müssen denen, die Gott lieben, zum Besten mitwirken, außer einem Reisebüro, das nicht den richtigen Flugschein besorgen kann? O nein. Gott läßt auch unsere Fehler zum Guten mitwirken solange wir Ihn lieben.

Haben Sie sich selbst schon einmal unruhig und nervös gemacht, wenn jemand Sie in eine Schwierigkeit gebracht hat? Es ist endlich Zeit, mit dem Selbstmitleid aufzuhören und lieber Gott zu preisen. Wenn Sie erst damit beginnen, dann verändern sich die Dinge vielleicht so, daß Sie froh sind, daß es nicht nach Ihrem Willen ging.

Herr Jesus, ich danke Dir, daß so oft das, was nach Schwierigkeiten aussieht, nichts anderes als Rohmaterial ist, durch das Du Dich verherrlichen willst, wenn wir gehorsam sind, Dir vertrauen und Dich preisen.

Vergib mir, daß ich gegen Deine Diener so viel genörgelt, gemurrt und geklagt habe. Ich weiß, daß dies gleichzeitig Murren gegen Deinen Plan für mein Leben gewesen ist. Nimm mir diesen Hang zum Klagen, Herr, und hilf mir, Dich fortwährend zu preisen, damit Du mich zu Deiner Ehre gebrauchen kannst. In Jesu Namen bitte ich es. Amen.

20

Sieger
über Raumnot und Geldnot

Betet ohne Unterlaß (1. Thessalonicher 5, 17).

In der Baptistenkirche, zu der ich gehörte, litten wir unter Raumknappheit und mußten unbedingt an Erweiterungsbauten denken. Wir hatten einige unserer Sonntagsschulklassen schon in Kellerräumen unterbringen müssen. Doch unser Keller war eigentlich zu nichts anderem denn als Schwimmbecken zu verwenden, und zwar jedesmal dann, wenn es regnete. Also mußten wir uns nach anderen Räumen umschauen. Der ideale Platz lag direkt hinter unserer Kirche. Auf diesem Grundstück standen zwei kleine Häuser, die für diese Sonntagsschulklassen gerade richtig gewesen wären. Doch als unsere Ältesten sich mit dem Eigentümer des Grundstücks in Verbindung setzten, schüttelte der nur den Kopf:

„Ich werde das Grundstück nicht verkaufen“, sagte er, „und schon gar nicht an eine Kirche. Sie brauchen auch nicht erst zu fragen, ob ich Ihnen die Häuser vermiete. Das werde ich auch nicht tun. Um es genau zu sagen: Für Baptisten werde ich überhaupt nichts tun.“

Der Mann haßte Baptisten – tote oder lebendige, hartgekochte oder gebratene. Ich bin nie dahintergekommen, warum. Doch es war auch nicht nötig, seine Motive zu kennen und sein Handeln zu verstehen. Ich kannte Gott, das war genug. Gott wußte, daß wir mehr Raum für unsere Sonntagsschularbeit brauchten, und Er konnte geben, was nötig war.

Drei von uns überspannten Charismatikern gingen zu den Ältesten und machten einen Vorschlag, der uns beim Bibellesen gekommen war. Wir wollten für die benötigten Räume besonders zum Gebet aufrufen. „Aber wir haben doch schon dafür gebetet", versicherten die Ältesten uns. „Vor etwa zwei Monaten haben wir in einem Sonntagmorgengottesdienst dafür besonders zu Gott gebetet." Niemand war zwar überrascht gewesen, daß nichts geschah, und man hatte die Sache als hoffnungslos aufgegeben.

„Aber die Bibel sagt uns, daß wir ohne Aufhören beten sollen", sagten wir und wiesen auf 1. Thessalonicher 5, 17 hin. „Wir alle haben manchmal schon für die kritische Raumsituation ein wenig gebetet. Aber wie wäre es, wenn wir für diese Sache eine Gebetskette bildeten, so daß an einem Tage 24 Stunden hindurch hier in der Kirche dafür gebetet wird?"

Die Ältesten waren entsetzt. Nach ihrer Ansicht reichte es aus, wenn man ab und zu dafür betete; aber einen ganzen Tag? Das hieße doch, die Sache sehr übertreiben, dachten sie. Wir waren deshalb nicht überrascht, daß sie unseren Vorschlag ablehnten. Wenn Sie mit einem Mißerfolg rechnen, dann werden Sie ganz sicher einen Mißerfolg bekommen. Doch wir rechneten mit Gottes Verheißungen, und da ist der Mißerfolg ausgeschlossen. Wir wußten, daß es Gottes Wille ist, daß es Seiner Sache gut geht und sie wächst; und daß Er will, daß es auch unseren Seelen im Heiligen Geist gut geht. Wir wußten auch, daß alles, was nach Gottes Wort getan wird, wenn es nur treu geschieht, wachsen und gedeihen muß. Wir hatten diese Überzeugung von 3. Johannes 2 und vom ersten Psalm gewonnen und waren bereit, uns darauf zu verlassen. Gottes Wort sagte so, also würde es so geschehen.

Nachdem die Ältesten uns abgewiesen hatten, gingen wir zu unserem Gemeindepastor. „Pastor, wärst du einverstanden, wenn wir einmal etwas unternehmen würden, was wir bisher noch nie getan haben? Könnten wir nicht mit einer Gebetskette beginnen, und zwar Samstagmorgen 7 Uhr für 24 Stunden bis Sonntagmorgen 7 Uhr? Wir würden auf diese Weise keine Gottesdienste behindern und wären zu Ende, noch ehe die ersten Besucher für die Sonntagsschule kommen."

Während er über den Vorschlag nachdachte, priesen wir innerlich Gott, daß das Zehntengeben eine Menge charismatische Aktivitäten zudeckt und entschuldigt. Da wir alle regelmäßig den Zehnten gaben, war der Pastor nicht daran interessiert, uns aus der Gemeinde auszuschließen. Er überprüfte die Satzungen und fand nichts, was verboten hätte 24 Stunden hindurch zu beten. Also erhob er keine Einwände. „Aber ihr werdet die anderen kaum dazu bewegen können mitzumachen, Bruder Hill", meinte er. „Niemand wird mitten in der Nacht aus dem Bett aufstehen, um in die Kirche zu kommen und zu beten."

„Also ist es in Ordnung, wenn wir es versuchen?"

Er stimmte zu in der Überzeugung, daß kein Schaden dadurch entstehen konnte. Daß Gutes daraus kommen könnte, hat er sicher nicht erwartet. Wir aber rechneten damit. Deshalb nahmen wir nun ein großes Stück Pappe, teilten es in 24 Felder auf und hängten es an die Kirchentür. „Bitte tragt ein, welche der 24 Stunden ihr hier sein und beten könnt", gaben wir der Gemeinde bekannt.

In der ersten Woche machten die meisten einen großen Bogen um unseren Aushang. Nur sechs Personen schrieben sich ein. Das hieß, daß jeder von uns sechs 4 Stunden im Durchschnitt beten mußte, da einige nicht ganz so lange kommen konnten und andere dafür etwas länger. Doch wir waren entschlossen, keine Minute dieser 24 Stunden unbesetzt zu lassen. Jemand sollte immer in der Kirche anwesend sein, der betete und Gott pries. Wir wollten erfahren, ob Königskinder sich auf Gottes Wort verlassen können.

Für das zweite Wochenende waren es acht Personen, die sich einschrieben und am dritten ein ganzes Dutzend. Anschließend wurden viele der Gemeindeglieder von der Herausforderung gepackt und schrieben sich ein, so daß wir eine Warteliste einrichten mußten.

Mit dieser wöchentlichen 24-Stunden-Gebetskette veränderte sich nach und nach die ganze Lage. Wir konnten spüren, wie die Kraft Gottes zu wirken begann. Nach sechs Wochen hatte sich die Atmosphäre von Entmutigung in freudige Erwartung verwandelt, obwohl sich an der äußeren Situation noch nichts geändert hatte. Wir hatten immer noch einen nassen Keller, eine große Hypothek auf dem Grundstück, ein undichtes Dach und keinen Raum zur Erweiterung. Doch wir waren überzeugt, Gott auf unserer Seite zu haben, denn wir hatten uns auf Seine Seite gestellt, indem wir beteten und Ihn priesen ohne Aufhören. Es war eine Atmosphäre entstanden, in der die Früchte wachsen konnten.

Wir hatten einfach damit beginnen müssen, Gott ohne Aufhören zu preisen, sonst hätten die Steine damit angefangen. Jesus sagt, wenn die Menschen nicht ihr Hosianna rufen, dann würden die Steine es tun. Ich für meinen Teil möchte nicht die Landstraße entlang fahren und hören müssen, wie eine Gruppe von Felsen sagt: „Da fährt Bruder Hill. Er will den Herrn nicht preisen, also müssen wir es tun." Ich möchte selbst den Herrn preisen. Die Steine mögen ihr eigenes Loblieb singen, und sogar die Bäume auf dem Felde werden in die Hände klatschen. Ich möchte ohne Unterlaß beten, solange ich Atem dazu habe.

Es waren noch nicht drei Monate vergangen, nachdem wir mit unserer 24-Stunden-Gebetskette für unsere Raumnot begonnen hatten, da stand nach einem Sonntagmorgengottesdienst der Besitzer des Nachbargrundstücks vor der Kirche. Er verschwendete keine Zeit mit Vorreden, sondern kam gleich zur Sache: „Vor einiger Zeit sind Sie zu mir gekommen, weil Sie mein Grundstück kaufen wollten. Sind Sie noch interessiert daran?"

„Ja, wir sind."

„Ich werde Ihnen das Grundstück mit den Häusern billiger lassen, als was ich auf dem Grundstücksmarkt dafür bekommen könnte.“ Es hörte sich so an, als würde er sich selbst über dieses Angebot ärgern. „Ich weiß nicht genau, warum ich das tue“, setzte er hinzu, „denn ich wollte eigentlich gar nicht verkaufen, und ganz bestimmt nicht an Baptisten.“ Er sagte die Worte, als hätte er einen schlechten Geschmack im Mund, und wir bemühten uns, ihn nicht mit Hallelujas zu erschrecken.

„Kommen Sie doch morgen in mein Büro“, sagte er, „dann machen wir den Kaufvertrag perfekt. Wieviel können Sie als Anzahlung mitbringen?“

„Genau beschaut haben wir im Augenblick gar nichts“, antworteten wir. „Wir haben schon einen großen Kredit auf das Haus genommen und müssen auch unsere Heizungsanlage reparieren lassen. Einen weiteren Kredit bekommen wir zur Zeit nicht mehr. So steht es.“

Er schaute ein wenig verwirrt drein, als sei es seine Sache, dieses Problem zu lösen, und nicht die unsere. Das war gut. Wenn er sich Sorgen machte um unsere Anzahlung, dann brauchten wir das nicht zu tun. „Ich sage Ihnen etwas“, meinte er nach einigem Nachdenken. „Ich nehme für meinen Anspruch eine zweite Hypothek auf das Grundstück auf und gebe Ihnen das Bargeld, das zur Erledigung der gesetzlichen Formalitäten nötig ist. Wäre das ein befriedigender Vorschlag?“ Nun, für einen Burschen, der uns zunächst überhaupt nichts verkaufen wollte, hatte er sich jetzt allerhand Mühe gegeben.

„Sicher“, sagten wir, fast in einem Ton, als täten wir ihm einen Gefallen, „damit sind wir einverstanden.“ Und dann sagten wir noch etwas: „Wir werden in der Lage sein, Ihnen die Anzahlung in sechzig Tagen zurückzugeben.“

Ich weiß nicht, wie wir auf die Idee mit den sechzig Tagen kamen. Die Anzahlung betrug 2500 Dollar, und wir hatten nicht 25 Cent. Außerdem drängte die Bank uns, die Zinsen für unsere Hypothek, mit denen wir zwei Jahre im Rückstand waren, zu zahlen. „Herr“, beteten einige von uns, „wir danken Dir, daß Du uns das Grundstück besorgt hast. Wir wissen zwar nicht, wo Du die 2500 Dollar hernehmen wirst, aber wir werden fortfahren Dich zu preisen. Wenn du diesen Mann gegen seinen Willen dazu bewegen konntest, uns das Grundstück zu verkaufen, obwohl wir kein Geld haben, dann wirst Du auch mit dieser Sache fertig werden."

Wir waren überzeugt davon, daß Gott das Geld schon irgendwo bereithielt. Königskinder haben einen reichen Vater. Sein sind alle Herden auf 1000 Bergen – und die Berge darunter gehören Ihm auch. 2500 Dollar würden nicht viel sein für einen derartigen Landbesitzer. Wir jedenfalls fuhren fort mit unserer Gebetskette.

In der nächsten Woche hatten wir einen Besucher in unserem Gottesdienst, der uns fremd war. Nach dem Schlußlied stellte er sich unserem Pastor vor: „Ich bin Bruder So-und-so vom Heimatmissionskomitee. Wir hörten, daß Ihr dabei seid, euer Grundstück zu vergrößern. Als wachsende Baptisten-Missionskirche steht euch ein Zuschuß von 2500 Dollar zu." Niemand von uns hatte um diesen Zuschuß gebeten. Doch der Scheck kam schon am nächsten Tag mit der Post an.

Durch den neuen Platz, den wir zur Verfügung hatten, kamen viel mehr Kinder aus der Nachbarschaft zu unserer Sonntagsschule. Unsere Gebetskette wurde fortgesetzt, und bald brauchten wir dringend ein Gebäude für unser christliches Erziehungswerk. So gut wie jeder in der Gemeinde reihte sich nun in die Gebetskette ein, in der wir um dieses Gebäude beteten. Wir fragten uns, woher Gott uns das Geld für dieses teure Projekt geben würde. Wir hatten es bestimmt nicht, doch Gott hatte es direkt in unserem eigenen Grundstück vor unserer Kirche angelegt. Wir erfuhren dies, als die Behörden bei unserem Gemeindevorstand anfragten:

„Wir müssen die Straße verbreitern, die an eurer Kirche vorbeiführt", sagten sie, „und wir brauchen dazu einen etwa 3–4 Meter breiten Streifen von eurem Grundstück. Wenn Sie uns diesen Streifen gleich verkaufen, brauchen wir nicht erst die gesetzlich vorgeschriebenen Maßnahmen einzuleiten."

Nun, Königskinder sind immer bereit nachzugeben. Wir

sagten ihnen also, wie wir die Sache sahen. „Das Grundstück gehört nicht uns, sondern unserem himmlischen Vater. Sie müßten also mit Ihm um den Verkauf und den Preis streiten." Sie gaben uns für den Landstreifen einen großen, fetten Scheck, der mehr als ausreichend war, um mit dem Gebäude für unser Erziehungswerk zu beginnen, das 100 000 Dollar kosten würde.

Wir gingen in der Gemeinde von einer Herrlichkeit zur anderen. Die ganze Gemeinde brannte für Jesus, bis menschliche Vernunft und Stolz sich wieder hereindrängten. Plötzlich wurde Gottes Werk *„unser* großes Projekt". Unbelehrbarkeit und Stolz gegenüber Gottes positiven Führungen machten sich wieder breit. Und diese Art Theologie kann alles geistliche Wirken töten. Die Unbeweglichkeit des menschlichen Verstands kann die größte Lawine der Segnungen Gottes zum Stehen bringen. Und so geschah es.

„Es geht uns so gut", sagten sie, „daß es nicht nötig ist, den Herrn um noch mehr zu bitten. Wir haben sogar schon unser altes Harmonium durch eine großartige neue Orgel ersetzt. Durch unseren Finanzplan werden wir unsere künftigen Geldprobleme regeln können. Wir brauchen Gott nicht mehr deshalb zu belästigen." Ihr Finanzplan war recht gut. Vorher hatten wir keinen gehabt, dafür verließen wir uns aber auf einen großen Planer – auf Gott! Doch die meisten Glieder der Gemeinde schwenkten wieder auf das „Selbst-ist-der-Mann-Konzept" um.

Unter diesen Umständen war es auch klar, daß man diese extremen Charismatiker nicht mehr länger brauchte. Die meisten von ihnen gingen deshalb zu einer anderen Gemeinde. Ich konnte Jesus fast weinen hören: „O Meine Kinder, Ich habe alles für euch getan, aber ihr habt nicht gewollt." Heute muß die Gemeinde schwer kämpfen, um sich am Leben zu erhalten. Als sie nicht mehr von Gott abhängig blieben, sondern auf sich selbst vertrauten, begann der Rückgang. Mit sich selbst zu rechnen ist immer nur das Zweitbeste, wenn man wirklich das Beste will, muß man ganz Gott vertrauen. In mancher Lage ist der Unterschied zwischen dem Besten und dem Zweitbesten so groß wie der Unterschied zwischen Himmel und Hölle. Wenn wir mit uns selbst zufrieden werden, hört das geistliche Wachstum und damit oft auch das äußere auf. Doch wenn wir alles von Gott erwarten und Ihn für alles ohne Aufhören preisen, dann schenkt Er Wachstum ohne Ende.

Gibt es etwas, das Sie benötigen? Es ist nicht nötig, daß Sie einflußreiche Leute zu Freunden gewinnen, es genügt, wenn Sie mit einer Gebetskette beginnen und nicht nachlassen Gott zu preisen.

Vater, ich erkenne, daß Du nie enttäuschst, wenn wir Dir vertrauen, und das, was die Welt vollbringen kann, ist nichts, verglichen mit dem, was Du tust.

Herr, vergib mir, daß ich bisher in meinem Leben meistens die Methoden der Welt benutzt habe. Ich bereue dies sehr. Hilf mir, daß ich alle Unmöglichkeiten in Deine Hand lege und lerne, Dich für alles zu preisen und zu beten ohne Aufhören. Hilf mir, Dir für alles, was Du mir aus Gnaden schenkst, auch immer die Ehre zu geben und nicht den Erfolg für mich zu beanspruchen. Gewähre mir die Gnade, vollkommen von Dir abhängig zu werden. Das bitte ich in Jesu Namen. Amen.

21

Sieger über Diebe

Sagt in jeder Lage Dank, denn so will es Gott von euch in Christus Jesus (1. Thessalonicher 5, 18).

Es war vor einigen Jahren während des Sommers in einem christlichen Ferienlager in Nordkarolina. Wir hatten für unsere Gottesdienste eine völlig neue Lautsprecheranlage. Mikrophone, Verstärker, Lautsprecher und eine Tonbandausrüstung – alles war soeben erst fabrikneu angeliefert worden. Die ganze Anlage bewährte sich hervorragend, besser konnte es gar nicht sein. Alles in allem hatten wir, weil wir die Ausrüstung vom Großhandel kaufen konnten, rund 3000 Dollar dafür bezahlt. Wir waren alle beeindruckt von der großartigen Qualität.

Doch dann, eines Morgens, waren wir vom Fehlen der Anlage beeindruckt. Als wir in die große Versammlungshalle kamen, entdeckten wir, daß die Hintertür offenstand. Jemand hatte sie aufgebrochen und die neue Anlage mit allem Zubehör gestohlen. Die gesamte Ausrüstung war ohne eine Spur zu hinterlassen verschwunden.

Wir meldeten den Diebstahl natürlich sofort bei der Polizei, bei der Versicherung und beim Chef des Hotels, zu dem das

Ferienlager gehörte. „Diese Dinge geschehen fortwährend“, sagte uns der Polizeichef. „Wir haben hier eine Bande von Rauschgiftsüchtigen. Die stehlen alles, was nicht niet- und nagelfest ist, um Geld für ihr Rauschgift daraus zu machen. Ich fürchte, Sie werden Ihre Lautsprecheranlage nie wiedersehen. Seien Sie froh, daß Sie versichert sind.“ Er schüttelte den Kopf und legte unseren Bericht in eine Schublade, die schon voll von anderen Diebstahlsanzeigen war. Ich war ziemlich sicher, daß die Polizei gar nicht erst versuchen würde, die Sachen wiederzufinden, da sie dies als hoffnungslos ansahen.

Na gut, sie hatten ein Recht auf ihre Meinung, die auf ihren Erfahrungen beruhte. Wir aber hatten andere Erfahrungen gemacht. Wir kannten noch eine Möglichkeit, von der die Gesetzeshüter nichts wußten. Unsere Erfahrung war, daß wir Gott vertrauen und Ihm in allen Dingen danken konnten, dann brauchten wir uns nicht mit den Ansichten abzufinden, die Menschen hatten, die keine Königskinder sind. Königskinder wissen, daß Gott immer Sieger ist, und daß sie deshalb nicht aufzugeben brauchen.

ALLES IN DIESER WELT IST GUT GENUG
FÜR DIE KINDER DIESER WELT,
ABER NICHT GUT GENUG FÜR KÖNIGSKINDER.

Die verantwortlichen Leute des Ferienlagers kamen zusammen und waren einmütig der Überzeugung, daß die Lautsprecheranlage eigentlich gar nicht ihnen gehörte, sondern der wahre Besitzer der allmächtige Gott war. Die gesamte Ausrüstung war für Seine Zwecke angeschafft worden, um Sein Wort zu verbreiten. Wir waren davon überzeugt, daß Gott durchaus in der Lage war, Sein Eigentum zu beschützen. Er kannte die Diebe bereits und hatte sie die ganze Zeit beobachtet, während sie die Anlage stahlen. Er wußte auch, wo sie jetzt waren und wo sie ihre Beute versteckten. Alles, was wir zu tun hatten, war, Ihm zu danken und zu sehen, wie Er diese ganze Angelegenheit zum Guten mitwirken lassen würde.

Während wir Gott noch dafür dankten, daß Er sich um die Ausrüstung kümmern würde, wo immer sie war, und Ihn dafür priesen, daß Er in allen Lagen der Herr ist, klingelte das Telefon. Jemand wünschte einen der Leiter des Ferienlagers zu sprechen. Die Stimme am Telefon gehörte einem noch Jugendlichen. „Ich nehme an, Sie haben mittlerweile gemerkt, daß letzte Nacht jemand bei Ihnen eingebrochen und die Lautsprecheranlage gestohlen hat“, sagte er.

„Ja“, meinte unser Bruder, der den Hörer übernommen hatte. „Wir haben das herausgefunden, als wir heute vormittag nach der Anlage schauten.“

„Ich bin einer von den Leuten, die das Zeug gestohlen haben“, sagte der Junge. „Wir haben es uns aber inzwischen anders überlegt und wollen die Sachen nicht mehr verkaufen, sondern möchten gern alles an euch zurückgeben.“

Unser Bruder lehnte sich vor Überraschung gegen die Mauer. Er hatte erwartet, daß Gott etwas tun würde, aber doch nicht so schnell. Seine Stimme versagte ihm fast. Doch er brachte es immerhin noch fertig, zwei wichtige Fragen zu stellen: „Wann?“ und „Wo?“

„Das weiß ich noch nicht genau“, antwortete der Junge, „denn die Polizei ist hinter uns her. Wir sind Süchtige und brauchen immer Geld für unser Rauschgift. Ich werde gegen 18 Uhr wieder anrufen und mitteilen, wo ihr eure Anlage findet.“ Im Hörer klickte es, und die Leitung war tot.

Nun hatten wir erst recht Grund, dem Herrn zu danken. Unsere verlorene Ausrüstung hatte sich wiedergefunden. Ganz sicher war es Gott gewesen, der den Meinungswechsel bei den jungen Dieben bewirkt hatte, so daß sie mit uns Kontakt aufnahmen. Das hieß doch, daß Er auch in ihren Leben arbeitete. Wir standen auf Herrlichkeitsboden und wurden von übergroßer Freude erfüllt.

Der Chef des Hotels schüttelte immer wieder den Kopf, als wir ihm von dem Anruf berichteten. Er glaubte, wir seien ziemlich leichtgläubig und einfältig. „Sie werden nicht wieder anrufen", sagte er. „Es ist zu riskant für sie. Ihre Anlage ist für immer verloren."

Auch der Polizeichef war der Meinung. „Vergessen Sie es. Die machen nur ein Spielchen mit Ihnen, denken aber gar nicht daran, die gestohlenen Dinge zurückzugeben."

Wir fuhren fort Gott zu danken, daß Er so gut für Sein Eigentum sorgte und daß Er auch mit der jugendlichen Bande redete.

Gegen 18 Uhr klingelte das Telefon. „Schaut unter einigen leeren Verpackungskisten hinter dem Howard-Johnson's-Restaurant nach", sagte eine Jungenstimme. „Auf Wiedersehen." Klick, der Hörer wurde aufgehängt.

„Sie vergeuden nur Ihre Zeit", meinten der Leiter des Hotels und der Polizeichef, als wir in einen Lieferwagen stiegen, um die Ausrüstung wiederzuholen.

„Darauf soll es uns nicht ankommen", antworteten wir zwischen einigen Hallelujas und fuhren zu dem uns genannten Restaurant. Die Anlage war genau da, wo der Junge es gesagt hatte. Alles war tadellos in Ordnung und brauchte für die Abendversammlung nur wieder aufgebaut zu werden. Panik? Nicht für Königskinder! Preisen und Danken ist das Beste, was sie tun können, und sie tun es in allen Lagen. Gott hört es und verwandelt für Seine Kinder Böses in Gutes.

Wenn wir versuchen, unsere eigenen Rechte zu verteidigen, ist es genauso, als seien alle Nerven unseres geistigen Menschen nach außen gedreht. Wir sind dann deshalb so überaus empfindlich. Jede Kleinigkeit verletzt uns. Wenn wir aber auf dem Boden des Lobpreisens stehen, wird aus allem, das uns begegnet, ein Segen für uns. Wir brauchen dem Herrn nur zu danken und Ihn zu fragen: „Herr, zu welchem Guten hast Du dies zugelassen?"

Wenn wir Gott allezeit preisen und Ihm danken, stehen wir auf der richtigen Seite. Nach dem Verständnis der Welt ist es allerdings die falsche Seite. Die Welt sagt, man sollte für seine eigenen Rechte kämpfen und wütend werden, wenn jemand uns Unrecht tut. Doch Gott sagt: „Wenn du Mir gehörst, hast du keine eigenen Rechte, für die du kämpfen mußt, und hast auch keinen eigenen Besitz, den du beschützen mußt. Es gehört alles Mir."

Wenn Widerstände und Feindschaft auftauchen, dann ist die natürliche Reaktion der meisten Menschen, daß sie erschrecken oder irgend jemand für irgend etwas beschuldigen. Königskinder aber preisen Gott statt dessen und danken Ihm. Sie leben im Sieg, ganz gleich, was ihnen widerfährt.

Wie ist es in Ihrem Leben? Haben Sie sich schon einmal bedauert, weil Ihnen angeblich Unrecht geschehen ist, oder weil jemand den Platz eingenommen hat, von dem Sie glaubten, daß er Ihnen gehört? Haben Sie selbst schon für Ihre vermeintlichen Rechte und Besitztümer gekämpft? Und sind Sie deshalb schon manchmal in diesem Leben müde geworden?

Sind Sie bereit, all das – Ihre Rechte und Ihre Besitztümer – loszulassen, und alles in die Hand Gottes zu legen, der Ihnen Gnade und Kraft schenken kann, immer ein Siegesleben zu führen? Wenn Sie dazu bereit sind, könnten Sie nachfolgendes Gebet mitbeten oder auch Ihre eigenen Worte benutzen. Gott wird Sie erhören und antworten.

Herr Jesus, es tut mir leid, daß ich mich so sehr an meine eigenen irdischen Dinge gehängt habe, obwohl Du mir doch ein Leben des überfließenden Segens schenken willst. Vergib mir, daß ich mich gefürchtet habe, anstatt mich zu freuen. Erfülle mich heute in einer solchen Weise, daß ich Dich beständig lobe und preise, statt immer wieder zu sorgen und zu klagen.

Und Herr, hilf mir, all denen zu vergeben, die mir Unrecht getan oder etwas weggenommen haben. Segne sie, Herr, und errette sie aus ihrem Elend. Halleluja! Danke Herr, daß Du mich zu einem Teil Deiner Antwort machen willst und daß ich nicht mehr ein Teil des Problems zu sein brauche. In Jesu Namen. Amen.

22

Sieger über betrügerische Geister

Gehet durch die enge Pforte ein; denn weit ist die Pforte und breit der Weg, der ins Verderben führt, und es sind ihrer viele, die auf ihm hineingehen. Eng ist dagegen die Pforte und schmal der Weg, der ins Leben führt! und nur wenige sind es, die ihn finden.

Hütet euch vor den falschen Propheten, die in Schafskleidern zu euch kommen, im Inneren aber räuberische Wölfe sind. An ihren Früchten werdet ihr sie erkennen (Matthäus 7, 13–16).

Eines Tages erhielt ich mit der Post einen Brief von einem gewissen Herrn Microbe aus Baltimore.

„Wir haben gehört, daß Sie in Gebetsgruppen Erfahrungen mit Heilungen gemacht haben", schrieb er. „Wir wissen nichts über solche Art von Gebeten. Doch wir haben auch einige Erfahrungen in der Behandlung kranker Menschen gemacht. Wenn es Ihnen recht wäre, uns einmal zu besuchen und uns über Ihre Erfahrungen in den Gebetsgruppen zu berichten, würden wir gern auch Ihnen mitteilen, was wir herausgefunden haben."

Na, das versprach recht interessant zu werden. Ich rief also den Mann an und vereinbarte mit ihm einen Termin.

Als ich am vereinbarten Abend zu ihm kam, nahm mich Herr Microbe, der sich als Psychologe vorstellte, mit in einen der hinteren Räume seines Hauses, den er als eine Art Laboratorium eingerichtet hatte. Überall standen Tonbandgeräte, medizinische Berichte, Krankengeschichten von Patienten und sehr genau geführte Aufzeichnungen herum. Herr Microbe stellte mich einem weiteren Mann – ich will ihn Herr Virus nennen – vor, der als Medium für die „Heilungssitzung" diente.

„Sie sind der erste Außenseiter, den wir einladen, um diese Dinge hier zu beobachten, Herr Hill", sagte Herr Microbe. „Wir wollen Ihnen zeigen, wie wir arbeiten und wären froh, wenn Sie uns anschließend Ihre Meinung darüber sagen würden und auch berichteten, welche Erfahrungen Sie mit dem Gebet gemacht haben." Ich nickte zum Zeichen des Einverständnisses, und die Sitzung begann.

Als Herr Virus sich auf ein im Raum befindliches Bett legte und in einen tranceähnlichen Zustand verfiel, wurde mir sofort klar, daß ich es hier mit Anhängern von Edgar Cayce zu tun hatte. (Dies sind sogenannte Spiritualisten, die davon überzeugt sind, daß es sich bei den Geistern, mit denen sie in Verbindung stehen, um gute Geister handelt. Die Red.)

„Herr", betete ich, „bedecke mich mit Deinem Blut. Ich danke Dir, daß Du mächtig genug bist, mich vor den Betrügereien und Verführungen um mich herum zu bewahren."

Woher wußte ich denn, daß es sich um Betrügereien handelte? Durch meine eigenen Erfahrungen. In meinen Heiden-Tagen war ich selbst einmal ein Stück den Edgar-Cayce-Weg gegangen.

„Hilf, daß ich heute abend ein Wunder Deiner Macht hier erlebe, Herr", fuhr ich fort. „Tue ein Wunder, das den Satan als den zeigt, der er ist: ein Lügner und Betrüger." Ich wußte, daß da, wo Gott etwas tut, niemand betrogen wird. Doch Satan kann nicht anders als täuschen und immer wieder versagen, das liegt in seinem Wesen. Nachdem ich zunächst im stillen so mit meinem Verstand gebetet hatte, fuhr ich nun fort, in anderen Zungen im Geist zu beten. Im Namen Jesu war der Sieg sicher.

Als Herr Virus sagte: „Ich bin bereit“, antwortete Herr Microbe: „Krankengeschichte Nr. 1. Es geht um Herrn So-und-so. Wie ist die Lage?“

Eine dumpfe Stimme, die klang, als käme sie aus einem tiefen modrigen Grab, sprach durch Herrn Virus und sagte: „Es gibt einige Besserung. Fahrt fort mit der verordneten Behandlung.“

Es war alles sehr beeindruckend. Wäre mir nicht klar gewesen, was hier vorging, und hätte ich mich nicht durch Beten im Geist auf Gottes Wellenlänge gehalten, wäre ich vielleicht betrogen worden, indem ich geglaubt hätte, es handele sich hier um eine große und gute Sache.

Herr Microbe machte einen Vermerk auf einer Karte und steckte sie in die Kartei zurück. Er fuhr fort, andere Nummern und Namen von Patienten aufzurufen. Und aus Herrn Virus sprach weiter die dumpfe Stimme über Fortschritte, die die Patienten machten, und empfohlene Behandlungsmethoden. Bei Fall Nummer Zwölf, es handelte sich um eine Frau Muddled, wurde ich innerlich ermahnt, besonders sorgfältig aufzupassen.

„Herr Virus, wie steht es mit dem Asthma von Frau Muddled?“

Die dumpfe Stimme antwortete: „Es ist keine Änderung eingetreten. Noch derselbe Zustand wie vorher.“

Plötzlich sah ich im Geist ein Röntgenbild des Inneren von Frau Muddled. Die Gaben der Geisterunterscheidung und das Wort der Erkenntnis – zwei Gaben des Heiligen Geistes, die hier zusammenwirkten – vermittelten mir Informationen zu diesem Fall, die bis jetzt noch niemand kannte. Ich war so erregt, daß ich fast herausgeplatzt hätte: „He, Sie sind falsch.“ Aber Gott hielt mich zurück. Er schien zu sagen: „Warte. Ich werde sagen, wann du darüber reden sollst.“

Es gelang mir, ruhig zu sein, während die beiden methodisch weitere Fälle durchnahmen. Als sie am Ende waren, kehrte Herr Virus aus der Geisterdimension zurück und setzte sich im

Bett aufrecht. „Was sagen Sie dazu?“ wollten die beiden Herren wissen. Sie erwarteten offensichtlich, mich überwältigt zu sehen.

Ich zuckte mit den Schultern. „Na ja, mir sind die Methoden von Edgar Cayce bekannt“, sagte ich ihnen. „Doch ich wurde schon vor etlichen Jahren von diesen Dingen frei. Wenn ich alles recht betrachte, muß ich zugeben, daß Sie Ihre Sache recht gut verstehen. Doch im Falle von Frau Muddled sind Sie sehr im Irrtum.“

„Im Irrtum? Was meinen Sie damit? Sind Sie Hellseher oder etwas Ähnliches?“

„O nein, kein Hellseher. Das ist genauso betrügerisch. Aber ich bin errettet und mit dem Geist Gottes erfüllt. Das heißt, ich stehe in Verbindung mit dem obersten Herrn des Universums. Jesus ist Sein Name. Und durch die Gabe der Geisterunterscheidung zeigte Er mir, was mit Frau Muddled nicht in Ordnung ist. Sie hat nicht die Krankheit, auf die Sie sie behandeln. Es ist deshalb kein Wunder, daß es mit ihr nicht besser wird.“

„Unmöglich“, schrie Virus.

„Es kann nicht sein“, echote Microbe.

Doch es war so. Erstaunt lauschten sie, als ich ihnen sagte: „Frau Muddled hat kein Asthma, sondern ein Emphysem (Wundgeschwulst). Ich sah den lederartigen Zustand des Inneren ihrer Lunge. Wenn Sie einmal sorgfältig Ihren Krankenbericht durchsehen, werden Sie vielleicht finden, wo Sie einen Fehler gemacht haben.“

„Ich glaube, Sie haben recht“, gab Herr Microbe zu, als er sich alle Notizen in dem Bericht der Frau genau angesehen hatte. „Wir stellten eine falsche Diagnose und haben Frau Muddled deshalb auf die falsche Krankheit behandelt.“

MIT SCHLECHTEN EIERN KANN MAN KEIN GUTES OMELETT MACHEN.

Ich hielt mich nicht weiter an der Sache mit Frau Muddled auf, sondern erzählte ihnen, daß auch ich einmal in die Edgar-Cayce-Sache und viele andere okkulte Dinge verwickelt war. Doch als ich Jesus kennenlernte, erkannte ich, daß ich hier die echte Wahrheit gefunden hatte, und wandte mich von allen betrügerischen Nachahmungen und Fälschungen ab. „Es kann nicht geschehen, daß etwas falsch geht, wenn Gott die Dinge in der Hand hat", sagte ich ihnen. „Er zeigt uns alles richtig und deutlich, denn Er ist der Einzige, der allwissend ist."

Ein Teil meines Zeugnisses hatte auch damit zu tun, daß Jesus mich von der Nikotinsucht freigemacht hatte. Denn in den Tagen vor meiner Bekehrung hatte ich eine Ähnlichkeit mit einem beständig rauchenden Schornstein gehabt. Als Jesus mich frei machte, tat Er es gründlich. Ich brauchte nicht einmal irgendeinen Ersatz, etwa Pfefferminzlutschen oder Kaugummikauen. Meine schlechte Gewohnheit war fort – mit einem Schlag. Ich bemerkte, daß Herr Microbe mir aufmerksam zuhörte, während er selbst einen Sargnagel nach dem anderen rauchte und dabei hustete, als würde sein Inneres bald mit herauskommen. Als ich mich dann verabschiedete, hatte ich das Gefühl, er würde mich bald wieder einladen. In diesem Hause hatte ich unfertige Arbeit liegen gelassen.

In der folgenden Woche rief Herr Microbe bei mir an: „Ich habe ein Problem, Herr Hill", begann er. „Ich kann das Rauchen nicht aufgeben. Es bringt mich um, weil es meine Lunge zerstört. Die Ärzte haben mich gewarnt, ich soll aufhören oder ... Ich habe es probiert, aber ich kann nicht. Letzte Woche haben Sie uns erzählt, Sie hätten es geschafft aufzuhören, und ..."

„Halt!" unterbrach ich ihn. „Das habe ich Ihnen nie erzählt. Was ich gesagt habe ist, daß ich versuchte aufzuhören, es aber nicht geschafft habe. Je mehr ich es versuchte, um so schlimmer wurde es. Doch Jesus nahm mir meine Nikotinsucht, als ich zu Ihm kam."

Er war nicht in der Stimmung, zu diskutieren: „Also gut, aber jedenfalls rauchen Sie nicht mehr. Oder?"

„Das stimmt."

„Könnten Sie mich besuchen und mit mir beten, damit ich auch von der Nikotinsucht loskomme?"

„Sehr gern."

Mir war klar, daß es sich hier um eine Aufgabe handelte, die mehr als einen Mann forderte. Deshalb rief ich meinen Freund und Bruder an, der schon oft mit mir gebetet hatte: „Wappne dich mit der besonderen Gebetsausrüstung, Ed", sagte ich. „Wir haben heute abend einen besonders heißen Kampf zu bestehen, direkt im Lager des Satans."

Es ist gut, immer noch mindestens einen zweiten Christen mitzunehmen, wenn Sie es mit okkulten und spiritistischen Dingen und damit mit bösen Geistern zu tun bekommen. Einer kann immer beten, während der andere Zeugnis ablegt. Jesus wußte, warum Er Seine Jünger immer zu zweit aussandte. Die Kraft vervielfältigt sich, wenn zwei Königskinder zusammen und mit Gott Gemeinschaft haben. Wäre ich an jenem Abend allein gegangen, hätte ich vielleicht in große Schwierigkeiten kommen können.

Auf dem Weg zu unserer Verabredung sagte ich zu Ed: „Höre nicht auf zu beten, was auch immer geschieht, sonst kann es uns schlecht gehen." Ich wußte, Satan kann in den Ring des Lichts, der Königskinder umgibt, nicht hineinkommen, wenn sie anhalten im Geiste zu beten. Die Dunkelheit wird verschlungen, wenn das Licht angreift. Andersherum funktioniert es nicht, weder in der physikalischen Welt noch in der geistlichen. Licht ist immer der Sieger. Da die Dunkelheit eigentlich ein Nichts ist, eine Abwesenheit von Energie, hat sie nicht die Kraft, mit dem Licht zu kämpfen.

Als Ed und ich in Herrn Microbes Haus ankamen, gab es überall nur dämmriges Licht. Wir bemerkten, daß Herr Microbe offensichtlich allein im Hause war, konnten aber fühlen, daß uns von überallher böse Augen anstarrten. Satans Macht war mit erstickender Dunkelheit gegenwärtig. Ich war froh, daß Ed und ich schon betend angekommen waren, so daß das Böse uns nicht antasten konnte. Ich fühlte mich wie an Orten der Dämonenanbetung in Westindien, wo Wodoo-Zauberer Puppen herstellten, in die sie dann mit Nadeln stachen. In wenigen Wochen konnte so eine Person, die durch die Puppe dargestellt wurde, zu Tode kommen, auch wenn sie vorher kerngesund gewesen war. Nur die ganze Waffenrüstung Gottes konnte da bewahren. Wir hatten die unsere voll angelegt.

Der Helm des Heils war das Blut Jesu, das unsere Gedanken und Sinne vor den Angriffen des Feindes bewahrte, damit wir nicht betrogen wurden. Der Panzer der Gerechtigkeit war Jesus selbst, in dem wir lebten, der in uns war und der die Seele und auch den Körper vor den Angriffen des Feindes schützte. Jesus ist die Gerechtigkeit, die uns deckt. Unsere Füße waren beschuht mit der Bereitschaft, das Evangelium zu bezeugen. Und wir hatten den Schild des Glaubens und das Schwert des Geistes, das Wort Gottes, ergriffen.

Herr Microbe führte uns wieder in sein Labor in dem Hinterzimmer. Dort setzte sich Ed still hin und betete unaufhörlich, während ich mit Herrn Microbe redete. „Ich habe Ihnen schon am Telefon gesagt“, kam Herr Microbe gleich zum Thema, „daß ich körperlich in sehr schlechter Verfassung bin, weil ich zu viel rauche. Ich möchte gern, daß Sie für mich beten.“

„Sehr gut, deshalb sind wir ja gekommen. Doch ehe wir beten, möchte ich Ihnen noch etwas erklären, damit Sie es gut verstehen. Wir selbst können nichts für Sie tun, sondern sind angewiesen auf den Einen, der alle Macht hat. Sein Name ist Jesus, und wir werden in Seinem Namen für Sie beten, wenn Sie damit einverstanden sind. Denn in dem Namen Jesu steht uns alle Macht im Himmel und auf Erden zur Verfügung.“

Als wir nun zu Herrn Microbe traten, um ihm die Hände aufzulegen, sprang er vom Stuhl auf. „Damit bin ich nicht einverstanden!“ schrie er. Satan begann seine schleimige Hand zu zeigen. Bis zu diesem Augenblick hatte Herr Microbe vorgegeben, auch ein Christ zu sein. Doch plötzlich hatte Satan die Kontrolle völlig übernommen.

„Nicht einverstanden? Das können wir nicht verstehen. Was soll dabei falsch sein?“ fragte ich ihn.

„Jesus ist ein Betrüger“, behauptete er.

„Ist Er das wirklich? Wer hat Ihnen das gesagt?“ Meine Fragen kamen jetzt nicht aus meinem eigenen Verstand, sondern wurden mir eingegeben. Ich wußte es.

„Unsere Freunde, die guten Geister. Sie haben uns gesagt, daß der Name Jesus wie ein Fluch ist, ein böser Name, ein Betrüger.“ Herr Microbe war jetzt ungeheuer aufgeregt. Er wäre fast aus seiner Haut gefahren. Auf der anderen Seite fühlten Ed und ich, wie wir in Jesus ruhten. Wir behielten unsere fast übernatürliche Ruhe.

Ich stellte eine weitere Frage, die mir eingegeben wurde: „Hat Ihr guter Gott einen Namen, Herr Microbe?“

„Ja. Sein Name ist Tyrus.“

„Tyrus! Welch eine Offenbarung. Die Insel Tyrus war in biblischen Zeiten so dämonenverseucht, daß Gott sie zerstört hatte. Die gottlose und böse Königin Isebel kam von Tyrus.“

Ich wollte nichts mehr mit Herrn Microbe zu tun haben, solange er zu diesen Mächten gehörte. Ed und ich wandten uns um, um zu gehen. „Ist Ihr Gott allmächtig?“ fragte ich noch.

„Natürlich“, stieß er unter Husten hervor.

„Nun, warum bitten Sie dann Ihren so mächtigen Gott Tyrus nicht, Sie von Ihrer Nikotinsucht zu befreien?“ sagte ich zurückblickend. „Während Sie sich selbst zu Tode husten, werden wir wieder gehen. Rufen Sie uns doch wieder an, wenn Sie bereit sind, uns im Namen Jesus für Sie beten zu lassen. Wir werden dann gern zurückkommen.“

Herrn Microbes Gesicht verzerrte sich unter einem dämonischen Zug von Wut. Doch die Kraft des Namens Jesu hielt ihn davon ab, uns anzugreifen. Als Ed und ich durch das Wohnzimmer wieder zum Ausgang gingen, in unserem Inneren ohne Unterlaß betend, sah ich ringsum an den Wänden einen Ring von Dämonen, die alle ganz verschieden und schrecklich aussahen. Teufel, die geradewegs aus dem Abgrund kamen.

Ich pries Gott für den Ring aus Feuer, den ich um meinen Kopf verspüren konnte. Er schreckte all die bösen Geister zurück und hielt sie auf Abstand. Als Ed und ich draußen auf dem Fußweg standen, schauten wir uns an. Sein kahler Kopf war lilienweiß. Auch ich fühlte, daß alles Blut aus meinem Gesicht gewichen war. Doch wir hatten neu erlebt, wie das Blut Jesu uns schützen kann vor allem Bösen.

Die Betrügereien des Satans umgeben uns in der heutigen Zeit überall. Wenn wir nicht wachsam sind und beständig durch das Gebet in Seiner Freude und Seinem Frieden bleiben, werden wir auf die Verführungen hereinfallen. Falsche Unterweisungen und Lehren der Dämonen finden sich überall und kriechen sogar in Kirchen, Konferenzen und christliche Freizeiten hinein. Viele, die sich Christen nennen, werden vom Götzendienst des Okkultismus angezogen – Spiritualismus, Zauberei, Horoskoplesen, Transzendentale Meditation, Gedankenlesen usw., um nur einige dieser verderblichen Dinge zu nennen. Jeder Christ, der sich damit abgibt, ist rückfällig. Er hat von sich aus beschlossen, den Lügen mehr zu glauben als der Wahrheit Gottes.

Vielleicht haben Sie geglaubt, bei den Spiritualisten habe man es mit guten Geistern zu tun, und deshalb müßten auch die Menschen dort gut sein. Denken Sie noch einmal darüber nach: Satan ist niemals gut, auch dann nicht, wenn er sich als Engel des Lichts verkleidet. Die Tatsache, daß Menschen von Krankheiten geheilt werden, beweist noch nicht, daß eine Sache von Gott ist. Durch alles, was von Gott ist, wird Jesus geehrt und verherrlicht. Der Spiritualismus verherrlicht Jesus nicht. Die Heilung des Leibes ist nur das Zweitbeste, verglichen mit dem vollen Heil, das Jesus schenkt. Heilung des Leibes allein ist nur zweidimensional. Das Heil in Jesus, in das körperliche Heilung mit eingeschlossen ist, ist aber dreidimensional.

Satans Betrügereien mögen manchmal sehr echt aussehen, doch sie flicken immer nur neue Flecken auf ein altes Kleid.

Jesus liefert etwas ganz Neues: Heilsein an Leib, Seele und Geist. Königskinder, die mit Jesus und in Ihm leben, kennen den Unterschied. Sie reisen, geistlich gesprochen, Erster Klasse.

„Aber ich kann nichts Schlechtes im Lesen meines Horoskops und im Kartenlegen sehen", mögen einige argumentieren. „Es ist doch eigentlich nur Spaß, ein Spiel. Ich halte mich doch nicht daran."

Wenn Sie dies auch sagen, hat Satan Sie genau da, wo er Sie haben will. Gott nennt all diese Dinge Götzendienst, denn sie ziehen den Menschen unabwendbar weiter und weiter von Ihm fort und in das Lager des Teufels. Werden Sie nicht freiwillig zum Verlierer, indem Sie den scheinbar vernünftigen Argumenten Ihres Verstandes folgen. Setzen Sie nicht auf die menschliche Intelligenz, sondern auf den Glauben an Jesus, und folgen Sie Ihm.

Ein geisterfüllter Christ erkennt, was von Gott ist und was nicht. Ein oberflächlicher und äußerlicher Christ wird versuchen, durch seinen Verstand zu erkennen, was vorgeht, und der Satan, dieser alte Betrüger, wird ihn blenden, verführen und in alle möglichen Täuschungen hineinführen. So ein angeblicher Christ hält die Lüge für die Wahrheit. Es braucht für Königskinder die Kraft und die Gaben des Heiligen Geistes, um in unserer Zeit Sieger und Überwinder sein zu können.

Die Anwendung der Gaben des Heiligen Geistes ist nicht als etwas Außergewöhnliches gedacht. Diese Gaben gehören vielmehr für einen Menschen, der im Geiste wandelt, zum normalen Christenleben. Heilt die Kranken! Treibt die Teufel aus! Nehmt euch in der Kraft des Heiligen Geistes, die durch jeden Christen wirken will, der Not der Menschen an.

Ich glaube, Herr Microbe hustet immer noch seine inneren Organe kaputt. Wenn er erst zehn Schachteln Zigaretten am Tage raucht, ist er vielleicht bereit, mit sich im Namen Jesu beten zu lassen. Während sein Gott Tyrus nichts für ihn tut, wird das Zeugnis dieser „schwärmerischen" Christen weiter an ihm nagen, bis es ihn überwindet. So arbeitet das Wort Gottes. Auch Sie sollten als Christ inmitten von dunklen Gewalten und

Schwierigkeit bezeugen: „Ich kenne und habe die Antwort. Diese Antwort ist Jesus. Wer Ihn annimmt, erfährt Befreiung. Will man Ihn nicht annehmen, sollte man alle Hoffnung aufgeben. Es kann dann im Leben nur schlimmer werden."

Diese Botschaft hört sich hart an, ist aber das einzige, womit man den Menschen wirklich einen Gefallen tut. Sie müssen erfahren, daß Jesus der Einzige ist, der ihnen wirklich helfen kann.

Glauben Sie vielleicht, Sie seien nicht würdig genug, anderen ein Zeugnis zu geben oder für sie zu beten? Satan erzählt uns immer, wir seien nicht würdig, wenn wir tun wollen, was Gott uns aufträgt. Ich diskutiere nicht mit ihm, sondern gebe ihm völlig recht: „Du hast recht, Teufel. Ich bin nicht würdig und werde es nie sein", sage ich zu ihm. „Wenn ich eine Sache nach meinen Ideen und in meiner eigenen Kraft tue, mache ich alles verkehrt. Doch Jesus ist der Herr meines Lebens, und ich will nichts anderes sein als ein Werkzeug in Seiner Hand, und deshalb trifft für mich Römer 8, 1 zu: ‚So gibt es also jetzt keine Verurteilung mehr für die, welche in Christus Jesus sind.'"

Satan wird immer versuchen, Sie zu entmutigen und Ihnen zu sagen, Sie seien verworfen. Aber Gott sagt, Sie sind nicht. Wem wollen Sie glauben? Immer, wenn Sie sich verworfen fühlen, ist es der Satan, der Ihnen diese Bürde wie eine zu schwere Last auflegen will. Er ist der Ankläger der Brüder. Er möchte, daß wir glauben, Gott könne uns nicht gebrauchen. Aber Sie brauchen nicht auf ihn zu hören, sondern können sich auf Gottes Wort berufen. Denken Sie nie negativ über das, was Gott durch Sie tun kann. Wenn Sie in der rechten Verbindung zu Gott stehen und die Kraft Gottes in Ihnen ist, kann Jesus durch Sie Großes geschehen lassen.

Vor zehn oder zwölf Jahren nahm ich an einer Wochenendkonferenz in Ontario teil. Ein Junge erlebte Jesus dort in wunderbarer Weise als den Täufer im Heiligen Geist. Nach der Konferenz ging er wieder zu der Farm zurück, wo er mit seinen Eltern und seinen zwölf Brüdern und Schwestern lebte. Sie alle lauschten seinem Zeugnis. Er erzählte ihnen, wie er Jesus begegnet war und wie sein Leben jetzt so ganz anders geworden sei. Er war nicht sehr geschickt, alles, was er empfand, in Worten auszudrücken, doch als er sagte: „Jesus ist mir so groß geworden“, glaubten sie ihm alle, denn er war so anders als früher. Sie verstanden nicht alles ganz, sagten aber: „Was immer du erlebt hast, das brauchen wir auch.“

Die ganze Familie kniete nieder, und sie begannen Gott zu preisen. Als sie beteten, wurden alle vierzehn – die Eltern und die zwölf Brüder und Schwestern – mit dem Heiligen Geist erfüllt. Damit begann eine Erweckung unter den jungen Leuten in Ontario. Viele suchten Jesus. Man erkannte sie auf den Straßen daran, daß sie ihre Bibeln mit sich trugen. Ihre Freunde fragten: „Was seid ihr denn, ein Haufen von Schwärmern?“

„Ja, wir sind Schwärmer für Jesus“, antworteten die jungen Leute. Durch ihr Zeugnis begann Gott die ganze Provinz zu verändern.

Jesus gebraucht uns mit allem, was wir haben oder nicht haben, und gibt uns selbst die Ausrüstung, die wir benötigen, um Seine Aufgaben erfüllen zu können. Alles, was wir zu tun haben, ist, Ihm zu vertrauen und uns Ihm ganz zur Verfügung zu stellen. Lassen Sie sich von Gott gebrauchen, wo immer Sie sind. Gott möchte die gute Nachricht durch Sie verbreiten. Das Reich Gottes ist die Kraft der Gerechtigkeit, des Friedens und der Freude im Heiligen Geist. Wenn Sie anfangen, sich von Gott gebrauchen zu lassen, dann wird die Kraft des Reiches Gottes in Ihnen und durch Sie alles, was vom Reich der Finsternis ist, überwinden und besiegen. Halleluja!

Wenn Sie von Dingen betrogen wurden, die nicht von Gott sind, dann können Sie es jetzt bekennen und davon loskommen. Gereinigt durch das Blut Jesu können Sie in ein neues Leben hineinschreiten – in ein Leben als Königskind und als Sieger.

Danke, Herr, daß Du mich nicht verderbt hast, weil ich mich mit Dingen beschäftigt habe, die Götzendienst und Gotteslästerung sind. Ich bekenne all meine Sünden auf diesem Gebiet: (Nennen Sie Gott hier die Dinge, auf die Sie sich eingelassen haben.) Vergib mir, daß ich mich von diesen Dingen gefangennehmen ließ, obwohl Du doch viel Besseres zu bieten hast. Vergib mir, daß ich Horoskope gelesen habe, anstatt nach Deinem Plan für mein Leben zu fragen. Vergib mir, daß ich in okkulten und spiritistischen Dingen nach den Antworten gesucht habe, die allein Du geben kannst. Vergib mir auch, daß ich geglaubt habe, solche Dinge seien nur Spiel und Spaß, wo doch dadurch dämonische Mächte Einfluß auf mein Leben bekommen. Hilf mir, mein Leben von nun an nach Deinem Plan zu leben, und laß mich die Wahrheit nie wieder bei Quellen suchen, die nicht Dir allein alle Ehre geben.

Herr, ich danke Dir, daß Du mich trotz meiner Torheiten immer noch liebst. Danke, daß Du mich vor noch Schlimmerem bewahrt hast. Hilf mir, in Zukunft besser zu unterscheiden, was nicht von Dir ist. Danke, daß Du mir die Augen öffnest, mir die Sünde zeigst und mir die Lügen und Täuschungen des Satans offenbarst.

Danke Herr, für Deine Kraft, die mich vor dem Bösen bewahrt. Danke für Deine vergebende Liebe. Danke für die Kraft des Zeugnisses von Deiner Gnade. Ich danke Dir, daß Du mir Deinen Geist gibst, den Geist des Siegers in allen Lebenslagen. Danke Herr, daß ich durch Deine Gnade von neuem geboren bin. In Jesu Namen. Amen.

23

Sieger über Herzanfälle

Meine Gnade ist für dich genügend, denn Meine Kraft gelangt in der Schwachheit zur Vollendung (2. Korinther 12, 9).

Hat Jesus wirklich auch den letzten Feind, den Tod, überwunden? Er sagt es, und ich glaubte es. Manchmal habe ich sogar die Bibelstelle zitiert: „Verschlungen ist der Tod in den Sieg ... Gott aber sei Dank, der uns den Sieg verleiht durch unsern Herrn Jesus Christus“ (1. Korinther 15, 54. 57). Doch eine Sache ist es, dies zu glauben, und eine andere, dies selbst erlebt zu haben. Heute weiß ich, daß Jesus den Tod in Seinem Sieg verschlungen hat, denn ich habe dieses Wort im September 1975 selbst erlebt.

In jener Septembernacht lag ich von etwa Mitternacht bis zwei Uhr morgens daheim in meinem Bett und pries den Herrn unter immer größeren Schwierigkeiten. Ich hatte in meiner Herzgegend ein Gefühl, als läge ein großer Konzertflügel, auf dem sechs schwergewichtige Leute saßen, auf mir. Das Ergebnis davon war, daß ich nicht einschlafen konnte. Es war ein höchst interessantes Erlebnis, aber keines, an dem man sich freuen kann, nicht einmal, wenn man dabei den Herrn preist. Gegen zwei Uhr nachts weckte ich dann meine Frau und brachte es fertig zu stammeln: „Vielleicht kannst du jemand rufen, der mir hilft."

Unsere Tochter, sie ist medizinische Assistentin, wußte, wo sie anrufen mußte, damit alles Nötige ohne Verzug getan wurde. In weniger als vierzig Minuten befand ich mich im Krankenhaus im Behandlungsraum der Intensivstation. Ich war ein Intensivfall im kritischsten Zustand. Es war mein zweiter Herzanfall innerhalb einer Woche.

Der Arzt, der in jener Nacht auf der Intensivstation Dienst hatte, war ein alter Freund von mir. Er begann, meine Herztöne abzuhorchen, während die Schwester meinen Arm umwickelte, um den Blutdruck zu messen. „Fünfzig über Null", hörte ich sie noch sagen, ehe ich ohnmächtig wurde. Mein Pastor war in der Zwischenzeit auch angekommen, und ich hörte, wie er Gott pries. Meine Tochter sagte: „Danke, Herr Jesus!" und das war alles, was ich noch mitbekam.

DIE SEELE SCHAUT AUF DIE SYMPTOME UND
ERSCHRICKT BEI EINER SCHLECHTEN DIAGNOSE.
DER GEIST FREUT SICH
AN DER PERFEKTEN PROGNOSE IN JESUS.

Als ich nach einer Weile wieder in diese Welt zurückkehrte, wurde mir bewußt, daß ich keinerlei Furcht gehabt hatte und daß ich mich eigentlich irgendwie um meine Krönung betrogen fühlte. Ich weiß nicht, warum ich wieder aufwachte. Aber was auch immer der Grund meiner Rückkehr war, eines weiß ich: Es machte mir nichts aus, gehen zu müssen – später oder jetzt. Ich war bereit, mit Jesus zu sein, ganz gleich, ob Er entschied, daß es noch die Erde oder der Himmel sein sollte. Es kam nicht darauf an, was Er entschied oder warum.

In den folgenden Tagen in der Intensivstation stellte ich mir immer wieder eine Frage: „Herr, was habe ich hier für Dich zu tun?“ So nahe am Tod zu sein – und wie sich später noch herausstellte, war dies nur einer von vier Herzanfällen innerhalb eines Monats –, ließ alle eigenen Aufgaben und Interessen im Beruf oder sonstwo im Leben verblassen. „Herr, Du hast doch eine Absicht damit, daß ich hier in der Intensivstation sein muß“, betete ich. „Zeige mir, was es ist.“

Ich bekam nicht sofort Antwort, also wartete ich. Es gab ja doch nichts anderes, das ich hätte tun können. Ich war derart angeschlossen und eingewickelt in Drähte, Röhren, Schläuche und technische Geräte – fast wie ein Computer –, daß ich nicht mit dem großen Zeh wackeln konnte, ohne daß nicht irgendwo ein Signal ertönte und jemand gelaufen kam, um zu sehen, was nicht in Ordnung war.

Der Mann, der noch mit mir im gleichen Zimmer lag, schien dem Tode entgegenzugehen. Es war zu erkennen, daß die Ärzte und das andere Personal damit rechneten, ihn nur noch als Leiche aus diesem Zimmer zu transportieren. Einmal kam sein Arzt herein und sagte: „Harry, Sie sind nun schon das achte Mal in diesem Jahr hier auf der Intensivstation. Jede neue Untersuchung zeigt deutlich, daß Sie ein Alkoholiker sind. Sie haben Ihre Leber kaputtgemacht. Sie ist total zerstört. Wenn Sie nur noch einmal trinken, nur einen weiteren Tropfen Alkohol zu sich nehmen, ist es mit Ihnen restlos zu Ende. Um die Wahrheit zu sagen“, fuhr er fort, „weiß ich noch nicht einmal, ob sie es diesmal überhaupt noch überleben werden.“

Nachdem Harrys Arzt gegangen war, fragte ich ihn: „Was werden Sie tun, wenn Sie wieder aus dem Krankenhaus heraus sind?“ Irgendwie war mir so, als würde er noch eine letzte Chance bekommen.

„Ich werde mir einige Flaschen besorgen und mal wieder ordentlich trinken. Was sonst?“ antwortete er.

„Aber ich dachte, der Arzt hätte gesagt, daß Sie gar nichts mehr trinken dürfen, wenn Sie nicht gleich in den Sarg klettern wollen.“

„Ach“, meinte er, „der Doktor übertreibt. Aber er kann mir keine Angst einjagen. So schlecht geht es mir noch nicht. Was denken Sie? Ich bin doch noch nicht einmal ein richtiger Alkoholiker. Tagsüber trinke ich nie.“

„Mit mir war es auch nicht so schlimm“, sagte ich, und wurde mir plötzlich bewußt, was ich hier in der Intensivstation, selbst schwerkrank, tat. „Ich trank tagsüber auch nicht“, erzählte ich Harry, „und konnte meinen Beruf fortsetzen. Doch nach einigen Jahren merkte ich, daß der Alkohol mein Leben regierte und ich nichts dagegen tun konnte. Ich war ein Alkoholiker geworden. Irgendwie hatte das Zeug ganz leise mein Leben immer mehr vergiftet.“

Harry schien sehr überrascht und erstaunt zu sein. Wenn man unter Bettlaken festliegt, ist es schwer, die Reaktion anderer Patienten richtig einzuschätzen. „Sie sind ein Alkoholiker?“ fragte er ungläubig.

„Ja, aber einer, der nicht mehr trinkt“, gab ich zurück. „Der Alkoholismus war meine Schwäche. Aber ich kam davon los, als ich ihn Jesus übergab. Er hat mein Leben neugemacht, als ich Ihm bekannte, daß ich selbst nicht mehr damit fertig werden konnte.“

Harry und ich unterhielten uns von da an jeden Tag praktisch ununterbrochen. In der Intensivstation sind andere Gelegenheiten für Abwechslung sehr rar. Ich erfuhr, daß Harry Multimillionär war; ein Mann, der sich alles in der Welt leisten konnte, der aber nichts mehr schätzte.

Harry verließ das Krankenhaus am Donnerstag. Er nahm ein Exemplar meines Buches „Leben wie ein Königskind“ mit sich, das meine Tochter in das Krankenhaus mitgebracht hatte. Einige Tage später kam Harry zurück, um mich zu besuchen. „Daß man mich das letzte Mal hier ins Krankenhaus brachte und gerade mit Ihnen zusammenlegte, war das Beste, was mir je im Leben widerfahren ist“, sagte er. „Ich wollte Sie wissen lassen, daß ich Ihr Buch gelesen habe. Heute abend gehe ich zum ersten Mal zu einer Versammlung der ‚Anonymen Alkoholiker‘.“

„Danke, Herr Jesus“, sagte ich. „Das war einen Aufenthalt in der Intensivstation wert. Das hat Gott für Sie so arrangiert, Harry.“

Seit diesem Erlebnis sind mittlerweile sechs Monate vergangen. Harry hat seither keinen Tropfen Alkohol mehr getrunken. Er mußte auch nicht wieder in die Intensivstation eingeliefert werden. Er hat sein ganzes Leben statt dessen in Jesu Hand und Pflege gegeben und führt jetzt das Leben eines wahren Siegers.

Haben Sie eine Schwäche oder Gebundenheit? Vor vielen Jahren wurde ich mir meiner Schwäche bewußt und schrie: „Gott, hilf mir!“ Und Gott hat mir geholfen und mein Leben ganz neu gemacht. Wenn Sie mit Ihrer Schwäche zu Gott kommen, damit Er sie hinwegnimmt, können Sie dadurch die beste Erfahrung Ihres Lebens machen. Wenn Sie eine Schwäche haben und versuchen, diese zu verstecken, vielleicht sogar vor Gott zu verstecken, dann tun Sie dies doch nicht mehr länger. Aus Ihrer Schwäche kann sogar noch ein Segen erwachsen, wenn Sie dadurch jetzt zu Gott getrieben werden, der Ihr Leben durch Seine Gnade und Macht umwandeln will. Können Sie Gott dafür preisen, daß Er auch Ihre Schwäche nehmen und etwas zu Seiner Ehre daraus machen will?

Herr Jesus, ich danke Dir, daß Deine Kraft sich auch in meiner Schwachheit offenbaren kann. Ich danke Dir, daß ich nichts zu verstecken brauche und nicht versuchen muß, etwas zu erklären oder zu entschuldigen, sondern daß ich mit meinen Schwachheiten zu Dir kommen kann. Danke, Herr Jesus, daß Du mir gezeigt hast, wie schwach ich selber bin, und daß Du trotzdem Deine Kraft durch mich offenbaren willst. Danke, daß Du durch das, was Du in mir getan hast, auch vor der Welt bezeugt werden willst, so daß dadurch andere sich aufmachen, um Dich zu finden.

Herr, ich danke Dir für den Segen, Dich kennen zu dürfen, und auch für die Schwäche, die mich in meinem eigenen Elend und der Torheit meines Lebens veranlaßt hat, Dich zu suchen. Ich bin bereit, Herr, mich von Dir führen zu lassen. Ich danke Dir, daß ich alle Dinge in Deine Hand legen darf, so daß ich nicht mehr der Besitzer meines Lebens sein muß, sondern nur noch der Verwalter. Du bist von nun an der Herr meines Lebens, und das macht mich zum Sieger. Mir steht dadurch alles zur Verfügung, was Du in Deinem Wort verheißen hast.

Gebrauche mich, Herr, wie Du willst. Und wenn ich einmal zögere, Herr, in meinem Leben zu Deinem Willen ja zu sagen, dann tue trotzdem, was Du Dir mit mir vorgenommen hast. Ich danke Dir, Herr Jesus. Amen.

Aktuelle Bücher — Man muß sie gelesen haben!

ES BEGANN MIT KREUZ UND MESSERHELDEN
David Wilkerson

Nach dem vor rund 10 Jahren geschriebenen Weltbestseller „Das Kreuz und die Messerhelden" (Auflage schon weit über 13 Millionen), hat David Wilkerson in der Zwischenzeit eine Reihe anderer Bücher geschrieben, in denen er sich mit brennenden Jugend-, Erziehungs- und Sozialfragen der Gegenwart vom Standpunkt des engagierten Christen aus beschäftigt. Doch im obigen Buch knüpft er ganz bewußt an „Das Kreuz und die Messerhelden" an. Auch zehn Jahre später hat Wilkerson noch nichts von seiner freudigen Einsatzbereitschaft für Christus verloren — nur zehn Jahre Erfahrung dazugewonnen; und dies macht das Buch um so wertvoller, wie alle bestätigen, die es gelesen haben. Sie sollten ebenfalls nicht versäumen, es zu lesen.

Art.-Nr. 20 034 208 Seiten **DM 9,80**

DER AGENT DES SATANS
Mike Warnke

Das Buch, welches Sie in der Hand haben, weist auf den in der heutigen Zeit rapide wachsenden Okkultismus hin und bezeichnet ihn als eines der wichtigsten „Zeichen der Wiederkunft Christi". Jedem, der mehr über die satanische Wirklichkeit und die riesige Gefahr des Okkultismus wissen möchte, kann man Mike Warnkes „DER AGENT DES SATANS" nur empfehlen. Es gibt unseres Wissens kein Buch, welches so realistisch schildert, „was wirklich dahintersteckt", wie dieses. Dies ist allerdings kein Wunder, denn der Autor war selbst dabei. Noch beeindruckender ist aber dann sein Bericht darüber, wie vor der Erlösermacht Christi und der Kraft des Heiligen Geistes die Mächte des Bösen weichen müssen. So wird dieses Buch zu einem mächtigen Zeugnis der Gnade und Kraft Jesu Christi.

Art.-Nr. 20 054 224 Seiten **DM 9,80**

WUNDER IM ALLTAG
Don W. Basham

In „Wunder im Alltag" lesen wir die Abenteuer des Glaubens, die ein Mann erlebt, der anfängt, das, was die Bibel sagt, für sein eigenes Leben wörtlich zu nehmen. Er läßt uns hineinschauen in sein und seiner Frau Fragen und Suchen nach wahrer Christusbegegnung. Aufgrund eines klaren Rufes geht Basham an eine Universität, um Pfarrer zu werden. Es ist faszinierend zu verfolgen, welche Probleme für einen Studenten an einer Universität auftauchen, wenn er wagt zu glauben, daß Gott auch heute noch Gebete erhört und Wunder tut. Doch nicht nur in der Universität, auch im Alltags- und Gemeindeleben erfährt der Verfasser die Kraft Gottes. Das Buch gibt echte persönliche Antwort auf die Fragen vieler — auch vieler Christen —, denen ihr Leben und Christentum unbefriedigend ist.

Art.-Nr. 20 039 228 Seiten **DM 6,80**

BIBELN AUF VERBOTENEN WEGEN

Hans Kristian Neerskov

Man hört in unserer Zeit viel von dem Glaubensmut der Christen hinter dem Eisernen Vorhang, die um ihres Glaubens willen von den kommunistischen Regierungen Nachteile und oft sogar Verfolgungen hinnehmen müssen. In diesem Buch berichtet ein Mann, dem die Not der Christen in den Ländern Osteuropas zur eigenen Not geworden ist, von dem, was Gott heute in diesen Ländern tut. Beim Lesen wird uns klar, daß heute noch der Glaubensmut der Märtyrer der ersten Christenheit lebendig ist. Wir erfahren aber auch, wie Gott sich zu Menschen bekennt, die treu zu Ihm stehen; wie Er sie führt und bewahrt. Und diese Führungen Gottes machen das Buch auch zu einem Bericht vieler Wunder, die Gott heute noch tut. Außerdem ist das Buch die Geschichte eines Mannes, der sich aufmacht, die Verfolgten zu besuchen, ihnen Bibeln und andere Dinge zu bringen, die dort dringend gebraucht werden. Sie sollten dieses spannend geschriebene Buch unbedingt lesen.

Bestell-Nr. 20060 216 Seiten **DM 9,80**

DAS GELIEHENE GLÜCK

Budimir Veselic

Dieses Buch ist für unsere Zeit ungewöhnlich. Das Thema ist uralt: es geht um die Liebe zweier junger Menschen, die in Erzählform beschrieben wird. Doch was der Verfasser dann über diese Liebe zu sagen hat, und wie wir miterleben, wie Menschen darin auch durch Krisen und Spannungen unter der Führung Gottes heranreifen, ist schon des Lesens wert. Ein „happy end" finden wir nicht in diesem Buch. Jeder sollte es lesen. Vor allem aber Eltern, Jugendliche und ältere Kinder.

Art.-Nr. 20004 200 Seiten **DM 6,40**

GEISTERFÜLLTES TEMPERAMENT

Tim LaHaye

Tim LaHaye, vielen schon bekannt durch sein Buch „Der Anfang vom Ende", zeigt in „Geisterfülltes Temperament" in gewohnter Meisterschaft, wie seelische Nöte und Probleme der Menschen (Zorn, Groll, Spannungszustände, Unruhe, Furcht, Depressionen usw.) ihre Ursachen oft im Temperament haben, und wie in diesen Problemen auch die Wurzeln vieler physischer Krankheiten zu suchen sind. Doch das Buch bleibt hier nicht stehen, sondern zeigt auch den Weg, wie diese Probleme, unter denen die Menschheit vor allem in unserer Zeit so sehr seufzt, durch das Wirken des Heiligen Geistes im Leben des Menschen gelöst werden können. Gerade heute ist dieses Buch nötiger als je, denn es gibt Antworten, wo der Psychiater oft nur Feststellungen treffen kann.

Art.-Nr. 20058 178 Seiten **DM 9,80**

Zu beziehen durch:
Leuchter-Verlag eG, Industriestraße 6—8, Postfach 60, D-6106 Erzhausen
In der Schweiz: Dynamis Verlag, Rathausgasse 8, CH-5400 Baden
In Österreich: Buchhandlung der Methodistenkirche,
Trautsongasse 8, Postfach 65, A-1082 Wien